BOM DEMAIS PARA SER VERDADE

BOM DEMAIS PARA SER VERDADE

Encontrando Esperança num mundo de Ilusões

MICHAEL HORTON

Dados Internacionais de Catalogação na Publicação (CIP)
(Câmara Brasileira do Livro, SP, Brasil)

Horton, Michael
  Bom demais para ser verdade : encontrando esperança em um mundo de exagero / Michael Horton ; [tradução Elizabeth Gomes]. -- São José dos Campos, SP : Editora Fiel, 2013.

  Título original: To good to be true : finding hope in a world of hype.
  ISBN 978-85-8132-157-8

  1. Consolação 2. Esperança - Aspectos religiosos - Cristianismo 3. Jesus Cristo - Crucificação 4. Jesus Cristo - Ressurreição 5. Sofrimento - Aspectos religiosos - Cristianismo
  I. Título.

13-08234   CDD-248.86

  Índices para catálogo sistemático:
  1. Sofrimentos : Aspectos religiosos :
  Cristianismo 248.86

Bom Demais para ser Verdade
Encontrando Esperança num Mundo de Ilusões
Traduzido do original em inglês
Too Good to Be True:
Finding Hope in a World of Hype
por Michael Horton
Copyright ©2006 por Michael Horton

■

Publicado por Zondervan,
Grand Rapids, Michigan 49530

Copyright © 2012 Editora Fiel
Primeira Edição em Português: 2013

Todos os direitos em língua portuguesa reservados por
Editora Fiel da Missão Evangélica Literária
PROIBIDA A REPRODUÇÃO DESTE LIVRO POR QUAISQUER MEIOS, SEM A PERMISSÃO ESCRITA DOS EDITORES, SALVO EM BREVES CITAÇÕES, COM INDICAÇÃO DA FONTE.

■

Diretor: Tiago J. Santos Filho
Editor: Tiago J. Santos Filho
Tradutor: Elizabeth Gomes
Revisão: Editora Fiel
Diagramação: Rubner Durais
Capa: Rubner Durais
ISBN: 978-85-8132-157-8

Caixa Postal 1601
CEP: 12230-971
São José dos Campos, SP
PABX: (12) 3919-9999
www.editorafiel.com.br

*Para Linda Bossman, Judith Riddell,
os Mebergs e a família Duguid,
por serem "máscaras" de Deus.*

SUMÁRIO

Prefácio..9

Primeira Parte: O Deus da cruz

1. Quando sobrevém a tragédia...15

2. Boas novas para perdedores 27

3. Sofrimento proposital..43

4. O seu Deus é grande o bastante? 59

5. Existe alguém ali em cima?...75

6. Se apenas soubéssemos por que Deus deixou que acontecesse 97

Segunda Parte: O Deus do túmulo vazio

7. Fora do redemoinho...121

8. Uma nova criação...145

9. A verdadeira natureza da batalha espiritual..........................169

10. Quando Deus assiste a um funeral..191

Prefácio

O MAL E O SOFRIMENTO

O mal faz parte da realidade e da experiência humana. É uma força desumanizadora, destruidora, corruptora, degradante e a causa de todo tipo de sofrimento dos seres humanos. Todos nós o experimentamos e sentimos sua agudeza. Ele se manifesta em níveis e em graus de intensidade diferentes. Os efeitos do mal podem ser sentidos na experiência individual e existencial nas lutas, dificuldades, agruras, dilemas, angústias, crises, sofrimentos, enfermidades e perdas que toda pessoa experimenta.

No cinema, o diretor Christopher Nolan foi feliz em conceber o personagem do Coringa, em *Batman: o cavaleiro das trevas*, como a personificação do mal: tem origem obscura, não tem ambições pessoais, é destituído de qualquer senso de dignidade e moral, age de modo aparentemente aleatório, causa destruição, medo, terror e extrai o que há de pior dos que o cercam.

Mas definir o mal é uma tarefa espinhosa. Agostinho de Hipona elaborou a sobre ideia de Plotino e definiu o mal como o "não bem", ou privação do bem – assim como as trevas são a ausência de luz. Agostinho não via substância no mal e o considerava uma "perversão da vontade desviada da substância suprema" – sendo que esta substância suprema é o Deus revelado nas Escrituras Sagradas, o Criador de todas as coisas. Agostinho defende que o Deus cristão é o bem absoluto, a verdade absoluta e *summun bonnum*, o bem supremo – um bem que é absoluto e incorruptível. Étienne Gilson, ao comentar o problema do mal em Agostinho, conclui que "o mal não pode ser concebido fora do bem". Afinal, é a compreensão do que é bom que nos permite entender, mensurar e valorar o mal.

Mas o mal também não deve ser definido em termos unicamente negativos. Alain Besançon, em sua pequena pérola da literatura, *A infelicidade do século*, que trata dos horrores dos regimes comunista e nazista, não se satisfaz com a definição de Plotino, que dizia que o mal é a ausência do bem. Ele diz: "Parece-me que esta definição não dá conta do horror que se apoderou das pessoas diante do que o comunismo e o nazismo lhes infligiram". Ele não torna o mal uma entidade absoluta, mas, para entendê-lo, aponta para sua suposta transcendência.

O fato é que o mundo e seu sistema de pensamento não oferecem muita esperança para o problema do mal. Ou se entrega ao ateísmo niilista, sucumbindo ao "comamos e bebamos porque amanhã morreremos", ou à fraqueza deísta, que propõe haver Deus "dado corda" neste mundo e o deixado à própria sorte, ou ainda à negação da realidade do mal – apelando à propaganda, ao entretenimento, à arte como meios de perpetuar a juventude e a "felicidade", maquiando a realidade da decrepitude, do sofrimento, da decadência, da enfermidade e da morte. Não reconhecendo a fonte do bem, o Deus Supremo, não consegue definir adequadamente nem o bem nem o mal.

A fé cristã, por sua vez, encontra na revelação de Deus o caminho para suportar as durezas impostas pela realidade do sofrimento. O cristianismo bíblico reconhece a existência do mal entre os homens como resultado da Queda, como efeito da trágica operação do pecado que tomou lugar em Adão e que, dele, como cabeça da humanidade, passou a todos os homens. Mas o mal não é um imperativo absoluto. Não é uma força absoluta. Na fé cristã, o único ser absoluto é o bom Deus.

Mas, mesmo nas tradições cristãs, o desafio de se encontrar a perspectiva bíblica para a cruenta realidade do mal é enorme. A má teologia nesta área – como em todas as demais, aliás – pode produzir frutos muito amargos e aumentar o sofrimento do crente que batalha contra a "operação do mal" em sua própria experiência. Um dos erros teológicos mais sérios que ameaça a tradição evangélica é a sugestão de que o cristão não está, por causa de sua fé, sujeito ao sofrimento e às tragédias. Isso se dá especialmente em meios que pregam prosperidade e felicidade aos seus fiéis e acusam-nos de falta de fé quando a tempestade chega.

Em tradições cristãs mais fundamentalistas, a causalidade entre o sofrimento e o pecado espelha uma teologia muito parecida com aquela expressada pelos amigos de Jó – parece resolver a questão, mas destrói aquele que já está sendo esmagado pelo sofrimento. Não traz conforto, nem esperança e precipita-se nos julgamentos.

O fato é que somente a fé cristã oferece respostas consistentes ao problema do mal e do sofrimento humano. Não tanto por explicar os meandros de sua origem, mas, muito mais, por oferecer esperança. À parte da revelação divina nas Escrituras Sagradas, não resta nada senão o desespero. A Bíblia é a única que oferece um caminho, saída, luz e alento. Àqueles que sofrem e se indignam com o mal, devem saber que Deus também se indigna, todos os dias, com a impiedade do homem, conforme é registrado nas Escrituras (Sl 7.6,11).

É importante também dizer que os personagens bíblicos também lutaram com o problema do mal. Os salmos 37 e 73 são textos modelares que trabalham a questão e apresentam o homem clamando por respostas e saída, mas sempre reconhecendo a soberania divina e encontrando alento quando descansam em Deus. O livro de Jó é uma das mais belas peças da literatura bíblica – e clássica! – e apresenta-nos, em perspectiva, uma série de eventos trágicos acontecidos na vida de um homem bom e íntegro. Vemos como ele lida com as acusações de ser o responsável por sua desgraça, como ele reage ao mal que lhe foi infligido e como ele interage com Deus nesse torvelinho, encontrando, ao fim aconchego e confiança em Deus e reconhecendo a soberania de Deus (Jó 42.1). Temos ainda o livro de Habacuque, que expõe a indignação do profeta por causa da impiedade. Ele questiona a Deus e, no processo, compreende a soberania de Deus em todas as coisas. Ele conclui dizendo que celebra o Senhor, e que exulta em Deus.

Sim, as Escrituras oferecem respostas. Talvez não todas as respostas que satisfariam nosso desejo de entender os porquês nosso sofrimento, afinal muitas coisas veladas assim permanecerão e pertencem a Deus, mas ela nos oferece respostas ao mal que habita em nós – nós que somos muitas vezes indignados pelo mal ao nosso redor e fazemos pouco para lidar com o mal que nos aflige e nos humilha tantas vezes – sim, as Escrituras lidam com o mal nosso de cada dia. Lidam também com o fim do mal. A partir das Escrituras Sagradas, a fé cristã oferece uma mensagem de esperança e triunfo escatológico.

É precisamente isso que Michael Horton faz nesse livro. Sem entrar em uma "teologia especulativa", pontificando coisas que a Bíblia não explicita, ele trabalha brilhantemente com o problema e a realidade do mal, do sofrimento, das angústias e dramas do cristão à luz da "teologia da cruz", aprendida em Martinho Lutero, e em contraste com a cada vez mais popular "teologia da glória". Ele desfaz alguns nós apertados da tradição evangélica que apela ao triunfalismo superficial, ao misticismo ou à negação, e que impõem enorme peso ao cristão. Tratando com sensibilidade os dramas da vida, Horton apresenta uma robusta teologia da providência e graça de Deus e oferece esperança ao falar do triunfo de Cristo na ressurreição, e da esperança cristã de vitória escatológica.

O túmulo de Cristo vazio, afinal, é a pedra de toque deste necessário livro. Horton nos lembra que o próprio Deus revelado nas Escrituras e na pessoa de Jesus Cristo, foi vitimado pelo mal e pelo sofrimento. Ele mesmo sendo bom, justo, verdadeiro e trazendo uma mensagem de amor, foi injustiçado, caluniado e assassinado. Aquele que é a própria vida teve sua vida tirada. A luz experimentou as trevas. O *summum bonum* sentiu a agudeza da maldade. O sol da justiça foi injustiçado. O Deus Filho foi assassinado. Mas a Escritura diz que ele ressurgiu. Ressuscitou e vive. Governa, transforma, instrui, conduz, ilumina e resgata.

Quem vive ou viveu angustias, depressão, sofrimentos, perdas, luto, medo, terror, violência, decepção, que saiba ter em Jesus de Nazaré, o eterno Filho de Deus, alguém que experimentou as mesmas tentações, abandono e dores, e simpatiza com o nosso sofrimento. Mas, mais do que isso, Jesus venceu o sofrimento. Venceu a morte. Venceu o terror e o mal. Ele vindicará todo mal cometido pelos homens e fará justiça. Ele estende a mão vencedora a todos quantos crerem no nome dele. Foi ele quem disse: "No mundo passais por aflições; mas tende bom ânimo; eu venci o mundo" (Jo 16.33). E se estamos nele, seremos também vencedores!

Christus Victor!

Tiago Santos
Editor-Chefe Editora Fiel;
Diretor pastoral do Seminário Martin Bucer

Primeira parte:
O Deus da Cruz

Capítulo 1

QUANDO SOBREVÉM A TRAGÉDIA

Eu me sentia adolescente novamente, quando meu pai me sacudia pelo ombro para me fazer voltar a mim. Mas desta vez ele não podia me agarrar. Não podia nem falar comigo – embora murmurasse, desesperado, sons inarticulados e estranhos. Tudo que restava do homem eram os seus olhos, martelando contra meu coração com a usual intensidade do aço cinzento.

Como atestariam todos os que o conheciam, mesmo que superficialmente, meu pai tinha olhos que riam antes do resto do seu rosto. Alguns de nós, especialmente os seus filhos, sabíamos que nas raras ocasiões em que seu temperamento explodia, acontecia primeiro em seu olhar. Com mero lance de olhos, ele conseguia cortar qualquer grosseria que brotasse à mesa do jantar. Agora esses olhos estavam sempre reportando em nosso pai uma emoção que nunca observamos antes. Aquele cujo copo estava sempre metade cheio, que, como um gato caía de pé em todas as circunstâncias, estava mais aterrorizado por acordar do que por morrer.

Você já viu alguém prantear sem na verdade conseguir articular um grito sequer, seu peito arfante e visagem sofrida revelando o segredo?

Maior que a vida desde a minha infância, esse grande homem agora estava impotente como um bebê, em estado mais deplorável que qualquer outra vida que eu tivesse visto, sua carne descarnada consumida e mais amarela a cada semana que passava.

Aos setenta e oito anos de idade, James Horton tinha sido diagnosticado com um tumor cerebral benigno que requeria uma cirurgia imediata. No começo, um desvio aliviava parte do fluido de seu cérebro, mas foi necessária outra cirurgia para diminuir a massa informe que crescia rapidamente antes que ela interrompesse as funções cerebrais. Essa operação falhou, e não demoramos em perceber que meu pai não iria se recuperar.

No entanto, ele viveu perto de um ano, quase paralisado da cabeça aos pés. Até mesmo o rosto perdera o controle muscular, suas pálpebras caíram, expondo o vermelho interior. Era como se todo o seu rosto tivesse derretido como cera, e quase não podíamos reconhecê-lo – não fossem os olhos transbordantes de emoção, geralmente de indizível dor. De vez em quando, e com maior frequência perto do final, seus olhos evidenciavam esperança e confiança provenientes de outro lugar.

Durante muitas semanas, oramos para que o Senhor o levasse para o lar celestial. Colocamos o nosso filho de poucos meses de idade, cujo nome era o mesmo do avô, sobre seus braços flácidos, e observamos o peito arfante de meu pai sinalizar o seu prazer. Mesmo nessa hora, seria uma lembrança agridoce para meu pai e também para nós.

O Gibraltar da família, minha mãe, tratava ansiosamente de cada detalhe ao lado de seu leito, afofando travesseiros em intervalos de quinze minutos, garantindo que os remédios no soro intravenoso estivessem sendo calculados e ministrados corretamente, organizando visitas edificantes de filhos e amigos da igreja. Em meio a isso, ela lia silenciosamente da cadeira ao lado da cama, segurando a mão de meu pai. Durante anos, eu testemunhei o incrível cuidado que essas duas pessoas demonstravam em nosso lar, primeiro com os seus próprios pais, e depois com quinze idosos que moravam em nossa residência para pessoas da terceira idade, enquanto eu, menino, crescia. Agora ela estava cuidando de seu melhor amigo, e quase não havia nada que pudesse fazer para ele além de afofar os travesseiros – e tentar esconder sua própria tristeza diária. Embora minha mãe, antes disso, sempre aparentasse dez anos mais jovem do que é, esses meses agiam nela como fotografias de lapso de tempo, entremeando a dor de meu pai a seu próprio rosto e pesando sobre seu corpo.

UM SEGUNDO BAQUE

Então, apenas dois meses antes da morte de meu pai, mamãe sofreu um derrame maciço quando eu a levava de carro após o enterro da sua irmã. Ali ela havia entregado um tocante tributo fúnebre. Essa mulher forte e compassiva, que entregara a vida por crianças desamparadas das cidades e idosos abandonados, agora estava dependendo de outras pessoas.

Lembrei-me umas duas vezes de comentários passados de meus pais quanto a seus piores temores para a idade avançada. Para meu pai, uma doença debilitante seria a pior espécie de morte. Para minha mãe, o pior seria ser peso para alguém – e por sua experiência de cuidar de idosos, conheciam muito bem a ambos os problemas. Em meus momentos mais sombrios, perguntava por que Deus permitira que eles experimentassem os piores cenários imagináveis no último ato de seu drama, especialmente tendo feito tanto bem para outras pessoas. Eles se mudaram para perto de nós a fim de nos ajudar quando estávamos em nosso primeiro ano de casamento assim que souberam da gravidez de Lisa. Sempre correndo para junto de quem precisasse uma mão forte, minha mãe estava agora inválida e semiparalisada, enquanto meu pai sucumbia a uma doença angustiosa.

Eu dizia a Deus que parecia calculado *demais*, que Deus parecia real *demais*, envolvido *demais* em nossas vidas, presente *demais*, em especial na vida de meus pais, como se tivesse servido cruelmente para o final, justamente aquilo que eles mais temiam. Não seria justo para pessoas cuja vida consistia em dar, em servir ao próximo, especialmente aos idosos, que tivessem alívio quando *eles* estivessem na situação de deixar a vida? Parecia desafiar todo o princípio de "colher o que ceifar": isso só se aplica ao que ceifou e merece o mal, e não àqueles que ceifaram o bem?

Minha esposa, que se recuperava de vários episódios sofridos de aborto espontâneo, descobriu que as visitas a meu pai no leito hospitalar apenas agravavam seu questionamento quanto à bondade de Deus. Era estranho observá-la passando por isso. Afinal de contas, Lisa era professora de estudos bíblicos que devorava profundos bons livros de teologia. Estava agora sendo posto à prova, na vida real, tudo que ela havia crido.

Quando eu estava crescendo, experimentara a morte de perto, não só com a morte dos meus avós como também os "avós adotivos" de nosso lar para idosos. Assim mesmo, Lisa e eu experimentávamos as dúvidas mais comuns. As pessoas sofrem e morrem de causas naturais todos os dias, tentávamos nos dizer. Além do mais, os idosos sempre vão morrer. Todo mundo morre. Isso não diminui a tragédia, mas sua inevitabilidade e universalidade pelo menos nos preparam para o *fato*.

Mas por que algumas pessoas têm de sofrer tanto na morte? Por que para alguns a morte é tão lenta e dolorida? O horror da própria *morte* já não basta? Precisarmos também temer *estar morrendo* – esse processo de desperdício e definhamento que ameaça e abala nossas expectativas de uma boa e ordeira providência? Olhar para meu pai no decurso daqueles meses horripilantes, daquelas longas e tortuosas semanas, era enfrentar os desafios existenciais mais sérios e concretos às nossas profundas convicções cristãs.

MARCHANDO PARA SIÃO – OU MELHOR, MANCANDO.

Muitos anos depois de ter manipulado as circunstâncias para conseguir a primogenitura de seu irmão, Jacó recebeu a notícia de que Esaú estava vindo a seu encontro. A história é contada em Gênesis 32 e 33. Não era a boa nova de uma reunião de família, mas sim, o anúncio de uma guerra certa entre dois campos de razoável tamanho, e isso perturbou grandemente a Jacó, a ponto de ele orar e reafirmar sua fé na promessa da aliança de Deus. Enviou adiante, como presente, uma fazenda repleta de gado, esperando assim aplacar a ira de seu irmão.

No entanto, naquela noite Jacó sofre a emboscada, não de seu irmão, mas de um homem estranho que é finalmente identificado como o próprio Deus. Nessa inesperada luta corpo a corpo, é permitido a Jacó "ganhar" a batalha e receber a bênção do Senhor: o Senhor se faz fraco a fim de entregar a promessa pela graça, acomodando-se à fraqueza de seu servo na aliança. Jacó sai de lá mancando, levando na virilha a deficiência que o acompanharia pelo resto da vida – ferimento que apontava para uma promessa e para os perigos de ser herdeiro dessa promessa, um filho de Jacó, agora renomeado "Israel". Ainda que fosse perigoso encontrar-se face a face com seu irmão irado, Jacó percebeu que encontrara no campo de batalha um adversário maior e havia prevalecido, pela graça do inimigo, que na verdade era seu maior amigo.

É verdade, claro, que "Tudo vai bem quando termina bem" como dizia Shakespeare. Hoje meu pai não sofre nem as vicissitudes comuns do cotidiano – ele está na presença do trino Deus, aguardando conosco a ressurreição do corpo. Mas mesmo durante a provação que ele sofreu, havia calma em meio à tempestade. Na verdade, não era uma calmaria, mas uma corrente profunda e fluente de vida outorgada pelo Espírito e proveniente das veias de Emanuel.

Em questões de fé, meu pai era do tipo forte e silente. Acostumado ao trabalho duro por ter sido criado durante a grande Depressão financeira, ele sempre ajuntara os pedaços, mãos desgastadas pela labuta e não pelas páginas viradas de livros. Embora meu pai contasse histórias divertidas, minha mãe nutria minha fé e meu interesse pela leitura, estudo e por fazer perguntas. Mesmo ante o severo pano de fundo da morte, nós testemunhamos uma confiança crescente na graça e bondade de Deus que antes nem sempre tínhamos visto em meu pai. Entremeado de dias negros de desespero, quando seus olhos pareciam gritar para nós: "Deem um fim nisso tudo!", havia momentos de alegria autêntica na cruz e ressurreição, quando era lida a Escritura, ou eram colocados em sua boca os elementos da Comunhão, ou quando seus filhos cantavam os cânticos de Sião. Ele erguia mais que podia o dedo para o "Norte", apontando para a fonte de sua esperança. Enquanto seu corpo definhava, ele estava sendo internamente renovado.

Era como se o processo da santificação estivesse marcando o passo com o processo de decadência física. Nada que acontecia fisicamente com ele dava esperança, mas ele se renovava em seu interior, na esperança de encontrar-se com Deus e então, afinal, experimentar a vida gloriosa de alma e corpo reunidos, livres do pecado e do sofrimento.

Meses de estresse ainda se seguiram em nossa casa, com uma criança de dois anos e em seguida trigêmeos (que por muito pouco não sobreviveriam ao nascer três meses antes do tempo previsto). Um passou seus primeiros quatro meses de vida na unidade infantil de terapia intensiva e, no momento que escrevo (ele agora tem dois anos), acaba de voltar de mais um período de UTI depois de se machucar seriamente enquanto brincava. Tais eventos nos lembram, vez após vez, que a vida é tanto uma tragédia quanto uma comédia – às vezes simultaneamente. Martinho Lutero disse que o padeiro é máscara de Deus, provendo-nos o pão nosso de cada dia. Semelhantemente, inúmeros médicos, enfermeiros, irmãos e irmãs da igreja e do seminário, amigos de longe e de perto, sem mencionar os milhares de amigos que não conhecemos pessoalmente, mas que nos têm incluído em suas orações, têm sido o meio que Deus usa para envolver-nos em seus braços e nos assegurar que ele cuida de nossos queridos – e também de nós – com mais ternura e maior sabedoria do que nós mesmos. Um pastor colega que passou com sucesso por um tratamento de câncer expressou a mesma alegria pujante ao descobrir a presença concreta de

Cristo através de seu corpo, a igreja. "Gente que eu não conhecia mandava-me cartas e me levava para consultas médicas", disse ele. "É surpreendente!"

As nossas fraquezas realmente são oportunidades para Deus demonstrar-nos a sua força. Isso não é um chavão. Outro ponto que Lutero ressaltou era que, ser teólogo da cruz – vocação geral de todo cristão –requer três coisas: *oratio* (oração), *meditatio* (meditação) e *tentatio* (provações). É muito fácil reduzir a fé a "um sentimento fácil e pacífico" de oração e louvor (simplesmente ore por isso, conforme o conselho superficial de nossa subcultura cristã). Também é fácil tornar nossa fé em mera concordância – apenas um exercício acadêmico que se preocupa em obter as respostas certas na prova. Se apenas decorarmos certos versículos da Escritura e citarmo-los na hora certa, tudo mais vai dar certo. Contudo, sem as *provações* a fé realmente não estará acordada par agarrar-se ao Deus das promessas.

Em uma troca de correspondência simpática e comovente, João Calvino certa vez disse ao Cardeal Sadoletto que aquilo de que o prelado mais necessitava era compreender que toda a sua justiça diante de Deus era de Cristo, e que sua justiça própria, sem medida, seria uma crise de consciência. Ele precisaria ter a confiança de que poderia de alguma forma cooperar com a graça de Deus a ponto de adquirir uma absolvição final abalada. As provações chegam em todas as formas e tamanhos, tendo como alvo nossa consciência, nossas esperanças e sonhos, nossas expectativas de como a vida funciona, nossa confiança em Deus e nos seus propósitos. Lisa e eu tivemos nossa fé testada; embora estejamos ainda menos confiantes no futuro em seus próprios termos, estamos mais confiantes no Deus que tem o futuro, e a nós, em suas mãos. Provações fazem diferença, sim!

Porém, exatamente porque a vida é tanto uma tragédia quanto uma comédia, fica mais patente o quanto nossos corações são inconstantes. Quando a vida vai bem, perguntamos como poderia ser de outro jeito (Tá certo, ele nos deu maná, mas será que não poderia nos dar um pouquinho de carne?). Quando as coisas desandam, desafiamos o cuidado paternal de Deus (Porventura ele nos trouxe a este deserto para que morrêssemos?).

De um lado estão os conselheiros tão preocupados em apagar as acusações contra Deus, a ponto de minimizar as queixas das quais até o salmista deu voz eloquente – os *Blues* da Bíblia. Do outro lado estão aqueles que sentimentalizam o sofrimento e defendem o sofredor a custo do único cuja bondade e soberania podem dar consolo transcendente. Os sofredores não precisam ouvir que têm de regozijar sem jamais erguer a voz queixosa ao seu Deus. No entanto, não serão mais bem servidos se seus sofrimentos forem tratados como referendo para a existência ou o caráter de Deus.

Em sua maior parte, Deus tem nos cercado com conselheiros melhores do que os amigos de Jó, bem como o que mais precisamos quando passamos por provações – de bons ouvintes. Escutar é uma arte que tenho passado a apreciar quando a vejo modelada na vida de sábios santos.

PREPARANDO PARA A PROVA

Isso tudo nos conduz à convicção de que aprender teologia é muito difícil durante a própria prova. Não é uma boa hora para sermos ensinados. As feridas estão demasiadamente abertas aos elementos. Isso não quer dizer que não *possa* ser feito, mas apenas que não é fácil, pelo menos para a maioria de nós.

Mesmo as verdades consoladoras podem ser irritantes quando os nervos estão à flor da pele. Compreender quem Deus é, quem somos nós, bem como os caminhos de Deus na criação, providência e redenção – pelo menos até onde as Escrituras nos revelam isso – é para as vicissitudes da vida o que a preparação para o exame da OAB é para a prática do Direito. A teologia é negócio muito sério. Preparar-se para esta prova não é apenas um jogo de cabeça ou pré-requisito para uma vocação temporal. É questão de vida ou morte. Trata de nossa vocação celestial e suas implicações para cada dia aqui e agora, bem como suas implicações eternas. É sobre viver, e morrer, bem.

A razão pela qual refleti sobre eventos recentes em minha experiência particular não é para relatar uma autobiografia, e sim, dar um prefácio, e até mesmo um contexto, para uma abordagem do sofrimento e da esperança colhida das Escrituras nos capítulos seguintes. Nem todos sofremos da mesma maneira. Não existem medalhas dadas pelo Congresso, para as provações, nada de prêmio para o maior "Sofredor do ano". Conquanto consigamos avaliar o sofrimento quando estamos fora do quadro, tudo fica bastante relativo quando fazemos parte da situação. Além do mais, ainda que o sofrimento físico e espiritual estejam interligados em alguns aspectos, nem sempre o sofrimento será no mesmo grau para todas as pessoas.

Até hoje, a minha mãe não tem lutado com os misteriosos caminhos de Deus da mesma forma que eu, embora sua dor física e emocional seja imensuravelmente maior que a minha. No prazo de poucas semanas, ela perdeu sua irmã mais próxima (também por um derrame), o seu marido e sofreu uma série de derrames que a deixaram com um lado paralisado e incapaz de falar. Os médicos nos disseram que, embora a maioria dos derrames fosse como sementes de uma melancia, um derrame maciço igual ao que ela tivera era como cortar fora um terço da melancia; embora ela ainda tivesse seu juízo, eles tinham pouca esperança de que recuperasse a fala ou a capacidade de andar. Não sendo uma pessoa a tomar a sério tais conselhos, minha mãe estava decidida a fazer uma reabilitação agressiva. Escrevo este livro quase três anos após o derrame, minha mãe consegue andar com ajuda e cuidar de muitas de suas necessidades pessoais com a mão esquerda. Embora sua fala muitas vezes fique embaralhada e ela não consiga dizer o que está pensando, sua frustração é velada, sob um humor autodepreciativo e uma gratidão a Deus por tudo que ela já conseguiu recuperar. Embora de repente ela tivesse de abrir mão de sua independência – apartamento, carro, ambiente familiar – sua confiança na bondade e soberania de Deus, que ela ensinou e modelou durante toda sua vida, continua sendo uma fonte a jorrar sua visão, e poderoso testemunho para todos nós. A vida para ela é agora diferente – em algumas coisas, muito pior, com a perda de confortos passados e amores queridos, mas noutras, é mais doce. Com a animada competição dos netos por um espaço em seu colo. "Além do mais," diz ela, "ainda consigo ler minha Bíblia".

"Tudo que Deus faz é bom" pode parecer decisão ingrata ou estóica de alguém que ainda não sentiu todo o baque das pancadas da vida, mas não posso dizer isso quanto aos sofrimentos de minha mãe. Talvez porque ela tivesse sofrido mais e cuidado por tanto tempo de pessoas que sofrem, conforme diz um hino: "As sólidas alegrias e os tesouros que de Sião perduram" são próximos e palpáveis à sua própria experiência. Quem sabe diferentes personalidades também estão em jogo. Como Deus é misterioso em grau infinito, nós também, em menor ou maior grau, somos mistérios até para nós mesmos.

Às vezes sofremos por amor da justiça. Outras vezes, nosso sofrimento é resultado de nossa própria tolice ou loucura, e em muitas ocasiões, simplesmente resultado de pertencermos a uma criação decaída, em que a morte e o sofrimento são inevitáveis. Eles torcem tudo que Deus endireitou, distorcem tudo que foi criado em sabedoria e desfiguram aquilo que era belo. Não obstante a diversidade de nossas provações, uma coisa é certa: todos nós sofreremos. Mesmo que não tenhamos muita boa doutrina em que nos apoiar, podemos ser consolados pela verdade da graça de Deus no meio de tudo, e aprender ou ser reconfirmado em algumas maravilhosas promessas, mesmo no vale da sombra da morte.

A própria experiência do sofrimento não nos torna especialistas no assunto. Jogar *mais* golfe não fará com que consertemos nossa tacada fraca – somente o treino poderá fazê-lo. Assim, precisamos aprender da Palavra de Deus como enfrentar as provações. Sem isso, *mais* tempos difíceis apenas tendem a reforçar aquilo que já cremos, seja ela boa ou má teologia.

Muitos de meus leitores terão passado por dificuldades muito mais profundas e persistentes do que as de nossa família. Mas nessa questão, todos nós temos algo proveniente de nossa própria experiência para trazer à mesa. Mais importante ainda, todos nós temos as Escrituras, que analisam e interpretam nossa experiência de maneira piedosa e produtiva. Não sou qualificado a escrever este livro por causa do grau de sofrimento que tenho enfrentado, pois sem dúvida é pequeno em relação ao que passam muitos que leem este livro. No entanto, esses eventos e outros que narrarei no decurso dos diversos capítulos deste livro, trouxeram à tona de modo revigorante e vital as verdades da Palavra de Deus, trazendo enorme consolo à nossa família, como também a cristãos através dos séculos.

Estes capítulos devem ser relevantes a toda gama de provações: dor física, aflição emocional, ser injustiçado por outros, nosso próprio pecado, dúvidas, e depressão espiritual. Onde quer que esteja o leitor nas circunstâncias da vida, formado em natureza e nutrição pela mão de Deus, que os exercícios devocionais deste livro sejam ambos: bálsamo no meio das aflições e guia de estudo para a prova da vida.

Capítulo 2

BOAS NOVAS PARA PERDEDORES

O movimento cristão é um movimento de degeneração composto de toda espécie de elementos rejeitados e defeituosos... Sendo assim, não é condicionado nacionalmente nem racialmente; apela para os deserdados de todo lugar; é fundamentado sobre um rancor contra tudo que é dominante e bem constituído; precisa de um símbolo que represente uma maldição sobre aquilo que é bem constituído e domina. Também se opõe a todo movimento espiritual, a toda filosofia; toma o partido dos loucos e itera maldição sobre o espírito. Rancor contra os bem dotados, os sábios e espiritualmente independentes: detecta neles os bem constituídos, os mestres...

Dionísio [o deus da folia que foi cortado em pedaços] contra o "Crucificado": eis aí a antítese. Não é a diferença com respeito ao martírio deles – é a diferença no significado desse martírio... o deus da cruz é maldição sobre a vida, uma alerta para que se busque a redenção da vida. Dionísio cortado em pedaços é uma promessa de vida: ela será eternamente renascida e novamente retornará da destruição.

Friedrich Nietzsche, *Vontade e poder*[1]

---

[1] A epígrafe deste capítulo é extraída de Friedrich Nietzsche, *The Will to Power*, ed. Walter Kaufmann (New York: Vintage, 1967), 96, 542 – 43.

Não gostamos de pensar em nós mesmos como sendo perdedores, especialmente na América. Até mesmo a religião popular é expressa em termos do que Friedrich Nietzsche chamaria de "vontade do poder". Se quisermos vender no mercado, é necessário que vejam claramente nossa marca de religião como sendo a melhor, fazendo-nos campeões na empresa e na política, impulsionando nossa autoconfiança, posicionando a nós e nossa família como a inveja de nossos amigos não cristãos. Em parte, isso é uma tentativa de responder à afirmação de que a religião em geral e o cristianismo em particular sejam apenas para os fracos. Um contemporâneo nosso que ilustra a vontade do poder de Nietzsche é o magnata da mídia Ted Turner, que, embora criado em uma família cristã conservadora, hoje diz do cristianismo que é "uma religião para perdedores".[2] Como você reage ao ler essas palavras ou percebê-las na atitude velada de amigos, colegas de trabalho e parentes que não conhecem Cristo? Pelo menos por um século e meio, o evangelismo tem se esforçado e gasto muito dinheiro em campanhas de relações públicas do cristianismo justamente neste aspecto. Atletas famosos, políticos, artistas e outros ícones da cultura popular têm sido exibidos como troféus da graça. Você já viu entrevista com um simples zelador de prédio dando testemunho?

Claro, existem notáveis exceções, como Joni Eareckson Tada, que tem trazido tanta sabedoria ao sofredor após ter ficado paraplégica em um acidente de mergulho. Mas muitas vezes parecemos obcecados por convencer o mundo de que somos *legais*, que em nossa cultura significa saudáveis, bonitos, prósperos e melhor ainda, famosos. Podemos ser "feras" em Cristo; melhor ainda, essa relação pessoal com Jesus, longe de nos chamar para morrer, nos dá aquele *extra* para que sejamos "tudo que

---

2 Citado em William E. Brown, "Rich and Smart," *World* 13 (14 de Novembro de 1998): 33.

podemos ser". Pelo menos é isso que os testemunhos de "antes e depois" parecem sugerir. Jesus veio recrutar um time de grandes astros e ser seu treinador para a Copa do Mundo da vida melhor.

TEM ALGUM ESPAÇO AÍ PARA A FRAQUEZA?

Como relacionar isso à declaração de Jesus de que "os sãos não precisam de médico, e sim os doentes. Não vim chamar justos, e sim pecadores, ao arrependimento" (Lc 5.31-32)? Paulo também dá ênfase recorrente à fraqueza:

> De tal coisa me gloriarei; não, porém, de mim mesmo, salvo nas minhas fraquezas... ele me disse: A minha graça te basta, porque o poder se aperfeiçoa na fraqueza. De boa vontade, pois, mais me gloriarei nas fraquezas, para que sobre mim repouse o poder de Cristo. Pelo que sinto prazer nas fraquezas, nas injúrias, nas necessidades, nas perseguições, nas angústias, por amor de Cristo. Porque, quando sou fraco, então, é que sou forte (2Co 12.5; 9-10).

Seria Paulo um bom porta-voz do "cristianismo muscular" ou de outras imagens de sucesso tão amplamente aclamadas entre nós?

Em seu livro *Varieties of Religious Experience*[3], William James, filósofo da Universidade de Harvard, distinguiu entre duas espécies de religião: "a de mente saudável" e "a religião de mentalidade mórbida", também chamada de "religião da alma doentia". Os do campo de alma doentia, dizia ele, se enxergam como pecadores, despossuídos e deserdados, enquanto os saudáveis exalam otimismo. Os Estados Unidos atraiu às suas margens os destituídos da terra para que fizessem uma vida melhor para si e para sua posteridade. É um de nossos dons surpreendentes "erguer-nos puxando as amarras das próprias botas", começando do almoxarifado e subindo até

---
[3] (1902 – Variações da experiência religiosa)

a diretoria. Contudo, esse otimismo saudável tem levado também a uma negação, na prática, do lado mais obscuro da vida. Em termos religiosos, significa que as coisas ruins têm de ser descartadas – nada de estar para baixo com ideias de depravação total, incapacidade salvar-se por si mesmo, nada de carecer de salvação divina, assim em diante.

Em seu intrigante e controverso campeão de vendas, *Reagan's America* [A América de Reagan], Gary Wills aplicou as categorias contrastantes de James ao cenário contemporâneo. A religião de "alma doentia" fala da "queda do homem, da necessidade de arrependimento e de humildade". Wills observa:

> Em sua forma calvinista, essa religião "clássica" foi importante para a história inicial da América. Mas a América tem constantemente preferido o que James chama de "características de mente saudável" que substituiu o pecado por tristeza como sendo o verdadeiro inimigo da natureza humana. Os evangélicos modernos, brilhantes e saudáveis sucessos na indústria de comunicações, são exemplos dessa religião.[4]

Deixando de lado a agenda política de Wills, "sentir-se bem" tem se tornado prioridade nacional como também uma obsessão religiosa tanto para cristãos quanto para descrentes. Foi interessante no serviço fúnebre de Reagan, quantas vezes foi feita menção da "bondade de todo ser humano", ponto de vista que segundo algumas pesquisas, recebe aprovação por parte da maioria dos evangélicos.

Não acho que um senso bíblico quanto ao pecado humano e a necessidade de redenção fora de nós mesmos requeira pessimismo nacional. Mas uma religião de bondade humana jamais sustentará um povo em tempos de desastres e ameaças. Podemos até conseguir explicar os "impérios da maldade" além de nossas fronteiras por serem faltosos quanto a nossos valores

---

4 Garry Wills, *Reagan's America* (New York: Penguin, 1998), 235. 3.

nacionais. Mas o que acontece quando experimentamos surtos de terrorismo, violência e desintegração social de nossos próprios concidadãos?

A religião dos saudáveis persuade em nosso tempo. Acho que é o que Paulo tinha em mente quando disse que os gregos se ofendiam, estavam perplexos, confusos, com a pregação da cruz. Por que não? O cristianismo deveria ser uma forma de masoquismo ou resignação passiva? Isso, conforme veremos, claramente não é o intuito da mensagem da cruz. Contudo, na superfície, muitos de nosso tempo estão constrangidos pelo fato de que, a final de contas, a mensagem de Nietzsche, Marx e Turner parece estar certa e o cristianismo é simples "moralismo escravo", um modo de nos manter atrelados à fraqueza e mediocridade. Responder a essa acusação não somente é um imperativo apologético como também é essencial para nossa saúde espiritual.

NÃO BASTA A "GLÓRIA"

A ironia está em que a religião de Nietzsche do "super-homem", que a Reforma, do século dezesseis, cognominava de "teologia de glória" na sua versão medieval, é em si uma espécie de "moralidade escrava". Torna o fraco subserviente ao poderoso, gente comum ao gênio, o trabalhador ao empresário, e tudo isso sustentado pela igreja que depende do mercado para seu próprio lugar na delimitação do poder na cultura popular.

Repito, não estou defendendo o pessimismo. Em razão da graça comum de Deus, mesmo um mundo caído pode experimentar surpreendentes tributos à justiça, virtude cívica, e beleza artística. Contudo, uma religião de saúde mental que ignore a realidade da queda em todos os seus aspectos, acaba se tornando nada mais que uma forma de terapia em tempos de fartura, e irrelevante em tempos de escassez. Não precisamos de terapia, mas de novas – boas novas do tipo que *ergue* as pessoas caídas, *amarra* as que estão alquebradas, *salva* os perdidos e *traz esperança* aos que estão no fim das esperanças.

A linha mestra deste livro é que o evangelho é boas novas para perdedores, pois de fato somos todos perdedores se nos medirmos diante da avaliação que Deus faz da realidade em vez de nossa própria interpretação. A demanda por glória, poder, conforto, autonomia, saúde e prosperidade cria um círculo vicioso de ânsia e desilusão. Cria até mesmo sua própria indústria de terapeutas e gurus de exercícios, estilo e autoestima – bem como igrejas da mesma espécie – para massagear os egos feridos por tal hedonismo. Quando a crise ataca, a alma é apagada demais para responder de modo apropriado. Somos prisioneiros de nossas necessidades sentidas, indicadas primeiro pelo próprio mercado que promete "endireitar tudo". Tornamo-nos vítimas de nossas próprias esperanças superficiais. Somos facilmente decepcionados porque somos tão facilmente persuadidos de que sempre haverá no mercado alguma coisa que nos faça feliz.

Como ressaltou C. S. Lewis, não é que nossos desejos sejam fortes demais (como afirma o estoicismo), mas são demasiadamente fracos.[5] A ironia de nossa vida é que exigimos as glórias efêmeras e momentâneas de nossa era que desvanece, facilmente entretidos e seduzidos pelo trivial, quando nos é oferecido a alegria completa e última.

Pense no máximo que podemos atingir nesta vida. Alguém certa vez perguntou a John D. Rockefeller quanto dinheiro ele precisava para ser feliz, ao que respondeu: "Um pouco mais". Considere a fama de estrelas do palco e do cinema, cujas vidas queríamos secretamente ter, que hoje se encontram em casas de repouso de idosos em Hollywood, muitas vezes possuindo como consolo apenas as lembranças do passado. Quão rapidamente os fãs que os adoravam perdem o interesse quando eles não podem mais ter o vigor e a juventude antes sustentados por cirurgias e cremes rejuvenescedores. Não menos que o resto de nós, os grandes deste mundo vivem com um pé na cova, um pagamento só para evitar a reintegração de posse, um passo só do abismo.

---

5 Ver C. S. Lewis, *The Weight of Glory* (New York: Macmillan, 1949), p. 2.

Não é pessimismo, e sim sanidade que reconhece a verdade da avaliação de Deus: "Uma voz diz: Clama; e alguém pergunta: Que hei de clamar? Toda a carne é erva, e toda a sua glória, como a flor da erva; seca-se a erva, e caem as flores, soprando nelas o hálito do Senhor. Na verdade, o povo é erva; seca-se a erva, e cai a sua flor, mas a palavra de nosso Deus permanece eternamente" (Is 40.6-8).

Isso não seria resignar-se a uma vida de mediocridade, mas o reconhecimento de que essa é uma vida de busca de gratificação imediata, sem maior significado ou propósito, por mais "altaneira e elevada" que ela nos pareça no momento. Conquanto seja-nos oferecida a vida em abundância, acomodamo-nos às falsas promessas desta era passageira. Tal "teologia de glória" não consegue ser receita para realização e poder. Pelo contrário, ela tece a fraqueza como força, debilidade como poder, e orgulho como humildade.

O que os reformadores protestantes declararam em contraste às teologias de glória é a teologia da cruz. Nisso estavam apenas recuperando a ênfase dos profetas, de Jesus e de Paulo. É irônico, mas justamente onde o mundo detecta o maior exemplo de fraqueza – a cruz – Deus triunfa sobre o pecado e a morte no ápice de seu mais mortal poder. Eis a ironia: quando a mais alta e santa vítima, verdadeiramente não-merecedora de sofrer, clama: "Deus meu, Deus meu, por que me desamparaste?", está ocorrendo vitória sobre o pecado e a morte. É essa a loucura e fraqueza que vence a sabedoria e o poder de todas as eras!

Talvez Nietzsche estivesse descrevendo acertadamente o fraco pietismo que o cercava, com seus quadros de um Jesus adocicado desde a sua infância, mas não podia estar mais errado quanto à sua análise da religião como sendo de "uma alma doentia", a pregação da cruz apenas mensagem de resignação da mentalidade de rebanho aos poderes e principados. Pelo contrário, foi a renúncia mais radical da mentalidade de rebanho que nos faz reféns dos vendedores de poder dos tempos de hoje. Sobre sua vida, Jesus disse: "Ninguém a tira de mim; pelo contrário, eu espontaneamente a dou. Tenho autoridade para a entregar e também para reavê-la. Este mandato recebi de meu Pai" (Jo 10.18). Com certeza essa não é uma declaração de uma vítima sem ação. Não há aqui nenhum sentimentalismo tolo. Ninguém precisa ter dó de Jesus. Ele *se fez* vítima sacrificial, entregando a própria vida pelo seu rebanho. Nietzsche, como um dia nós também faremos, acabou sucumbindo à morte. Mas Jesus entregou a si mesmo para morrer por amor de nós.

Na visão de Nietzsche (e presumivelmente de Turner), a pessoa começa do nada e faz de si alguma coisa. É a história de vir dos trapos para as riquezas. Mas o relato do evangelho é diferente: sai das riquezas e vai para os trapos. Aquele que era dono de todas as coisas, voluntária e livremente, sem nenhuma obrigação ou pressão externa, abriu mão de tudo a fim de viver para o próximo. Em comparação, existe aqui um poder que faz com que "a vontade do poder" dos caídos pareça mesquinha e trivial. Desde o momento da aceitação do decreto de eleição do Pai, o Filho realmente buscou a fraqueza da encarnação, do sofrimento e vergonha, da morte na cruz. Caiu sobre sua própria espada de justiça, não como heroica demonstração de poder, mas como humilde aceitação da sentença que *nós* merecíamos.

FORTE O SUFICIENTE PARA MORRER

Nosso débil sentimentalismo não consegue lidar com o lado trágico da vida: desconforto, doença, deficiências, morte, o mal, depressão, medo, ansiedade. Essas não são realidades a serem enfrentadas, dizemo-nos, mas sintomas de uma doença ignorada que poderemos tratar com a medicação correta, diversão, terapia e tecnologia. "Quando as coisas ficam difíceis, os fortes vão ao shopping". Diferente dos próprios salmistas, nós não conseguimos cantar as lamentações. Mesmo usando os salmos, nossos cânticos de louvor contemporâneos muitas vezes escolhem as notas de ritmo otimista, mas não sabem o que fazer com as notas mais doloridas. Imagine cantar um salmo como este na igreja domingo que vem:

No dia da minha angústia, procuro o Senhor;
erguem-se as minhas mãos durante a noite e não se cansam;
a minha alma recusa consolar-se.
Lembro-me de Deus e passo a gemer;
medito, e me desfalece o espírito.
Não me deixas pregar os olhos;
tão perturbado estou, que nem posso falar.
Penso nos dias de outrora,
trago à lembrança os anos de passados tempos.
Rejeita o Senhor para sempre?
Acaso, não torna a ser propício?
Cessou perpetuamente a sua graça?
Caducou a sua promessa para todas as gerações?
Esqueceu-se Deus de ser benigno?
Ou, na sua ira, terá ele reprimido as suas misericórdias?

Salmo 77.2-5; 7-9

Pois a minha alma está farta de males,
e a minha vida já se abeira da morte.
Sou contado com os que baixam à cova;
sou como um homem sem força,
atirado entre os mortos;
como os feridos de morte que jazem na sepultura,
dos quais já não te lembras;
são desamparados de tuas mãos.
Puseste-me na mais profunda cova,
nos lugares tenebrosos, nos abismos.
Sobre mim pesa a tua ira;
tu me abates com todas as tuas ondas.

*Para longe de mim afastaste amigo e companheiro;
os meus conhecidos são trevas.*

Salmo 88.3-7, 18

*Que é feito, Senhor, das tuas benignidades de outrora,
juradas a Davi por tua fidelidade?*

Salmo 89.49

Com certeza existem respostas a esses lamentos: Deus é gracioso e compassivo, fiel em todas as suas promessas. Mas está acontecendo uma verdadeira provação, não somente a provação do parceiro humano, como também do próprio Senhor da Aliança. Somente se permitirmo-nos levar a sério a evidência empírica que parece contar contra a fidelidade de Deus às suas promessas, é que conseguiremos receber uma resposta tão profunda e provocante quanto a sua pergunta.

Contudo, na piedade e adoração contemporâneas, não são permitidas notas dissonantes: apenas mantenha tudo alegre. O culto público hoje é indicação fatal de que não sabemos o que fazer na presença de um Deus que não é apenas nosso amigo, como também nosso juiz. Em nossa cultura, não sabemos o que fazer com o pecado, a maldade e a morte. Ao suprimir a pergunta, omitimos das pessoas o consolo que vem da resposta.

Isso é quase reconhecido por muitos especialistas em crescimento de igreja. Diz um que, de fato, tem-se mudado do "culto de adoração" para a "celebração". "A melhor ilustração disso é que, antigamente, tínhamos funerais. Depois passamos a ter 'cultos memoriais'. Hoje temos a 'celebração' da vida e do ministério da pessoa que partiu. É uma mudança completa na atmosfera do que acontece durante esse período. Passamos de dor, sofrimento, luto e choro, para celebração".[6] Esse escritor via o fato como um marco de progresso, e não como sinal de que vivemos em um estado de negação.

---

6 Lyle Schaller, "From Worship to Celebration," *Worship Leader* (April – May 1993), p. 7.

Tal resposta diante da morte tem sido característica de algumas religiões orientais, bem como dos antigos gnósticos que almejavam a fuga do espírito de sua "prisão" do corpo. Esses "memoriais" ou, na verdade, essas "celebrações", eram comemoradas por unitaristas, sendo proeminentes entre grupos de ciências da mente, tais como os da igreja da cientologia e da ciência cristã. Contudo, a visão judaico-cristã, sempre manteve uma visão sombria da morte: não era para ser assim em nosso mundo. Algo de errado aconteceu.

Novamente aqui, descobrimos contradição na visão de Nietzsche em "vontade do poder". Em vez de enfrentar o futuro com coragem, ele e seus seguidores simplesmente negam a morte – pelo menos como sendo um verdadeiro inimigo. Somente a Bíblia enfrenta a morte como inimiga, e, sem esconder seu escândalo com chavões moles, anuncia a sua conquista com ostentação militar. Ancorados nas Escrituras, os cristãos têm respeito saudável pelo inimigo. A morte não é um conceito abstrato, mas um personagem real no drama da redenção. É a vitória sobre a morte, e não sua realidade, que é vencida por meio da ressurreição de Cristo.

Contraste a perspectiva otimista contemporânea com a do teólogo Karl Barth, figura de destaque na resistência da igreja ao nazismo (um dos "rebentos" da filosofia de Nietzsche). A cada domingo, observa Barth, o sino da igreja toca, anunciando ao vilarejo que a Palavra de Deus estará sendo proclamada: "E, se nenhuma dessas coisas ajudar, não serão as cruzes nos arredores da igreja que silenciosamente olham pelas janelas e dizem sem ambiguidade o que é e o que não é relevante aqui?"[7] O santuário não enxergava o mundo através de óculos cor-de-rosa – mas mediante vidro transparente, que trazia a luz da realidade para as casas.

Mas isso era quando havia cemitérios no terreno das igrejas. Hoje em dia, temos convenientemente removido a morte, e com ela, a comunhão

---

[7] Karl Barth, *The Göttingen Dogmatics: Instruction in the Christian Religion*, ed. Hannelotte Reiffen, trad. G. W. Bromiley (Grand Rapids: Eerdmans, 1991), 1:33.

dos santos, relegando-a a cemitérios indefiníveis e secularizados, de nomes eufemistas como "Jardim da Floresta". A pessoa comum dos dias de hoje é quase tão passível de entrar em contato com os mortos e a morte quanto de entrar em contato com a fonte original do pão nosso de cada dia. Temos supermercados para tudo hoje em dia, com música animada aliviando quaisquer perguntas, dúvidas ou temores inconvenientes quanto a como enfrentar questões de morte e vida. Até mesmo nossas igrejas demonstram essa tendência.

Nos manuais de culto judaicos, católicos, reformados, anglicanos e luteranos, existem orações específicas oferecidas em favor dos doentes e aflitos, não uma resposta geral, tamanho único, que caiba em tudo e todos. Existem orações para tempos de guerra, para desastres naturais e epidemias, para um filho doente, em favor dos enlutados, viajantes e prisioneiros. Nas famílias puritanas o corpo do morto geralmente era colocado em um caixão aberto, em espaço de convívio central (a sala da própria casa?) até à hora do funeral em si. As crianças podiam perguntar sobre o que isso significava. Pastores que visitavam aqueles em seus leitos de morte perguntavam diretamente: "Você está preparado para morrer?" Alguns escreveram com eloquência e sabedoria sobre a arte de morrer bem. Porém, não é provável que isso se torne parte do "reality show" na televisão de nossos dias.

Certamente, grande parte disso tem a ver com as circunstâncias históricas. Sempre que um povo parece ser externamente próspero, estará menos propenso a gastar tempo pensando em tragédias, enquanto em tempos de real sofrimento, as pessoas passam a gastar grande parte de seu tempo pensando em coisas diferentes do final do seriado da TV ou dos jogos de futebol. Aquilo que Paulo comentou sobre indivíduos crentes pode ser dito em corporação:

Justificados, pois, mediante a fé,
temos paz com Deus por meio de nosso Senhor Jesus Cristo;

por intermédio de quem obtivemos igualmente acesso,
pela fé, a esta graça na qual estamos firmes;
e gloriamo-nos na esperança da glória de Deus.
E não somente isto, mas também nos gloriamos
nas próprias tribulações, sabendo que a tribulação produz perseverança;
e a perseverança, experiência; e a experiência, esperança.
Ora, a esperança não confunde,
porque o amor de Deus é derramado em nosso coração pelo Espírito Santo,
que nos foi outorgado.
Porque Cristo, quando nós ainda éramos fracos,
morreu a seu tempo pelos ímpios.

Romanos 5.1-6

Em meio ao Século XVI, estima-se que um terço da população de Londres tenha morrido da Peste ou em razão do Grande Incêndio. Na Nova Inglaterra, as coisas não estavam muito melhores para os contemporâneos dos puritanos londrinos, dadas as condições adversas que a cada inverno deixavam a morte assolar. As pessoas não tinham tempo de reclamar sobre seu tratamento no trabalho ou seus pais disfuncionais. Não era por eles serem estóicos, e sim por serem veteranos na doença, no sofrimento e na morte. Aprenderam que teriam de buscar mais fundo na Palavra de Deus por seu sustento, ou então simplesmente seguir a recomendação da mulher de Jó: "Amaldiçoe a Deus e morra!"

O Livro de Oração Comum tem um serviço para o enterro dos mortos – não enterro dos que se foram, nem dos que, na linguagem cada vez mais adotada da fundadora da ciência cristã, Mary Baker Eddy, "passaram adiante", mas dos *mortos*. O Livro de Oração Comum inicia com a gloriosa promessa da ressurreição, para então citar o salmista:

> *Dá-me a conhecer, SENHOR, o meu fim*
> *e qual a soma dos meus dias,*
> *para que eu reconheça a minha fragilidade.*
> *Deste aos meus dias o comprimento de alguns palmos;*
> *à tua presença, o prazo da minha vida é nada.*
> *Na verdade, todo homem, por mais firme que esteja, é pura vaidade.*
> *Com efeito, passa o homem como uma sombra;*
> *em vão se inquieta; amontoa tesouros*
> *e não sabe quem os levará.*
> *E eu, Senhor, que espero? Tu és a minha esperança.*
> *Livra-me de todas as minhas iniqüidades;*
> *não me faças o opróbrio do insensato.*
> *Emudeço, não abro os lábios porque tu fizeste isso.*
> *Tira de sobre mim o teu flagelo;*
> *pelo golpe de tua mão, estou consumido.*
> *Quando castigas o homem com repreensões,*
> *por causa da iniqüidade, destróis nele,*
> *como traça, o que tem de precioso.*
> *Com efeito, todo homem é pura vaidade.*
> *Ouve, SENHOR, a minha oração,*
> *escuta-me quando grito por socorro;*
> *não te emudeças à vista de minhas lágrimas,*
> *porque sou forasteiro à tua presença,*
> *peregrino como todos os meus pais o foram.*
> *Desvia de mim o olhar, para que eu tome alento,*
> *antes que eu passe e deixe de existir.*
>
> *Salmo 39.4-13*

Em seguida são citadas passagens de esperança dos Salmos, Evangelhos e das Epístolas, afirmando a ressurreição do corpo e a livre justificação de todos quantos confiam em Cristo. Em seguida vem a oração sóbria:

> Ó Deus, cujos dias não têm fim, cujas misericórdias são incontáveis, faz-nos, te rogamos, profundamente sensíveis à brevidade e incerteza da vida humana; permita quer teu Espírito Santo nos guie em justiça e santidade através do vale de sofrimento, todos os dias de nossa vida: para que, quando tivermos te servido em nossa geração, sejamos recolhidos aos nossos pais, tendo testemunho de uma boa consciência, na comunhão de tua igreja, na confiança e certeza da fé, no consolo de uma esperança razoável, religiosa e santa, no teu favor, ó Deus, e em perfeita caridade com o mundo. Tudo isso te pedimos por meio de Jesus Cristo nosso Senhor. Amém.

Formulada pelos salmos, esta oração ancora nossa esperança em Deus e nos seus propósitos para a vida, em vez de firmar em nós mesmos e nos nossos. O alvo na vida não é ser feliz, e sim, ser santo; não é tornar-nos aceitáveis a nós mesmos e aos outros, mas ser aceitáveis *a* Deus, *por meio* de Deus. Não é ser ajuntado com todas as outras pessoas de sucesso no primor de nossa vida, mas nos ajuntar a nossos pais e mães na fé. Não há lugar para o sofrimento numa vida cujos alvos são determinados por uma cultura hedonista. Porém, se nosso alvo principal é "glorificar a Deus e gozá-lo para sempre", como diz o Catecismo Menor de Westminster, e nossa vida é lida em relação ao roteiro mais amplo de criação, queda e redenção, o sofrimento é o caminho para a glória final, não uma resignação à tragédia sem significado.

Capítulo 3

SOFRIMENTO PROPOSITAL

Nem este capítulo nem este livro visam tratar do grande problema teórico da existência do mal. Na verdade, não creio que haja resposta *teórica* que nos satisfaça nesta vida. Melhor que isso, contudo, existe uma resposta *prática*. Essa está na cruz e na ressurreição.

Em vez de procurar resolver o problema do mistério do mal, quero relacionar um tema bíblico específico à situação prática daqueles que sofrem e estão enlutados. Na cruz e na ressurreição, Deus não *explica* a nosso contento o problema do mal, mas na verdade, o *vence* de modo a nos surpreender e sobrepujar. Talvez não seja uma boa filosofia – mas é excelente teatro – tendo como palco a história da humanidade, onde determinados elementos revolucionários *ocorreram* e não são apenas especulações abstratas sobre *"como são as coisas"*.

Em anos recentes, tenho me maravilhado de como é central o contraste entre a teologia da glória e a teologia da cruz nos evangelhos. Esse contraste foi ressaltado com grande clareza pela Reforma Protestante, especialmente por Martinho Lutero, como também por João Calvino e outros reformadores. Afinal de contas, o contexto de suas vidas era aquilo que estavam sofrendo em maior, como também em menor, escala pessoal. A infame Peste ("morte negra") tinha ceifado cerca de um terço da população da Europa em meados de 1300. As guerras e extrema pobreza alastravam sobre tudo. Calvino sofria uma multidão de doenças incapacitantes durante toda sua vida adulta, sofreu a perda de seu próprio filho e recebia relatos diários sobre os horríveis martírios de seus conterrâneos franceses. Isso tudo o afligia sobremaneira. Sem dúvida, tais experiências trouxeram maior urgência à exigência de respostas fortes para suas ansiedades quanto ao futuro. Eles voltavam-se com renovado apreço para a pregação bíblica da cruz.

Um resumo básico de seu ponto era o seguinte: a teologia da glória vê Deus em tudo, em glória e poder, e presume ascender em autoconfiança a Deus mediante as experiências, as especulações racionais e por merecimento. Essa é a religião do homem e da mulher natural. Contrastando, a teologia da cruz enxerga Deus apenas onde ele se revelou, particularmente em meio à fraqueza e misericórdia do sofrimento. Somente quando aprendemos a nos desesperar de nós mesmos, a sofrer nossa própria nudez na presença santa de Deus, a renunciar a justiça própria e ouvir somente a Palavra de Deus, somos capacitados a reconhecer Deus como nosso salvador e não nosso juiz e santo inimigo. Elevamo-nos a Deus por orgulho, quando Deus desce a nós em humildade. Procuramos Deus em lugares de poder: na saúde, prosperidade e felicidade, em famílias perfeitas e nações prósperas, mas na verdade, Deus é achado nas coisas fracas deste mundo. Noutras palavras, estamos falando sobre uma teologia de vencedores, versus uma teologia para perdedores.

Este tema é central no ensino de Paulo, por exemplo, em 1 Coríntios:

> Certamente, a palavra da cruz é loucura para os que se perdem, mas para nós, que somos salvos, poder de Deus.

> *Pois está escrito: Destruirei a sabedoria dos sábios*
> *e aniquilarei a inteligência dos instruídos.*
> *Onde está o sábio? Onde, o escriba?*
> *Onde, o inquiridor deste século?*
> *Porventura, não tornou Deus louca a sabedoria do mundo?*
> *Visto como, na sabedoria de Deus,*
> *o mundo não o conheceu por sua própria sabedoria,*
> *aprouve a Deus salvar os que crêem pela loucura da pregação.*
> *Porque tanto os judeus pedem sinais,*
> *como os gregos buscam sabedoria;*
> *mas nós pregamos a Cristo crucificado,*
> *escândalo para os judeus, loucura para os gentios;*
> *mas para os que foram chamados, tanto judeus como gregos,*
> *pregamos a Cristo, poder de Deus e sabedoria de Deus.*
> *Porque a loucura de Deus é mais sábia do que os homens;*
> *e a fraqueza de Deus é mais forte do que os homens.*
> *Irmãos, reparai, pois, na vossa vocação;*
> *visto que não foram chamados muitos sábios segundo a carne,*
> *nem muitos poderosos, nem muitos de nobre nascimento;*
> *pelo contrário, Deus escolheu as coisas loucas do mundo*
> *para envergonhar os sábios e escolheu*
> *as coisas fracas do mundo para envergonhar as fortes;*
> *e Deus escolheu as coisas humildes do mundo,*
> *e as desprezadas, e aquelas que não são,*
> *para reduzir a nada as que são;*
> *a fim de que ninguém se vanglorie na presença de Deus.*
>
> 1Coríntios 1.18-29

Nos anos em que nosso Redentor viveu sobre a terra, estava encarnado o Deus criador dos céus da terra. Começou dependente de um casal que mal tinha condições de prover para suas necessidades básicas. Quando Jesus se aproximava de sua vocação messiânica, João Batista anunciou: "Eis o Cordeiro de Deus que tira o pecado do mundo!" (João 1.29). Desde o começo, Jesus viveu sob a sombra da cruz. Não foi apenas na sexta-feira santa, mas a partir do momento que ele assumiu nossa carne e sofreu nossa vergonha, Jesus começou a sofrer por nossa redenção. Foi reconhecido pelo Antigo Testamento e identificado por João Batista como sendo o sacrifício substitutivo.

Quando João o batizava, Jesus sabia exatamente o que haveria de acontecer. Este batismo não somente cumpriu toda a justiça como também consagrou a Jesus como o Cordeiro de Deus. Noutras palavras, desde o começo selou sua morte. A voz vinda do céu disse: "Este é meu Filho amado em quem me comprazo" (Mateus 3.17; 17.5). Já vemos surgir aqui o paradoxo: o Pai expressa seu maior prazer no Filho exatamente quando, no horizonte, se ajuntavam as nuvens de tempestade da sexta-feira santa. A crucificação não é algo que acontece com Jesus quando a caminho de fazer outra coisa, do tipo mostrar como "os bons terminam primeiro" ou como fazer diferença no mundo ou ainda como ser líder de sucesso.

Foi nesses momentos de maior humilhação do Filho que Deus se agradou, não por gostar de ver gente sofrer, especialmente não seu Filho unigênito. Não foi interesse mórbido da parte de Deus – a alegria de Deus está em seu resultado:

> *Todavia, ao SENHOR agradou moê-lo,*
> *fazendo-o enfermar; quando der ele*
> *a sua alma como oferta pelo pecado,*
> *verá a sua posteridade e prolongará os seus dias;*
> *e a vontade do SENHOR prosperará nas suas mãos.*
> *Ele verá o fruto do penoso trabalho de sua alma*

> *e ficará satisfeito; o meu Servo,*
> *o Justo, com o seu conhecimento,*
> *justificará a muitos, porque as iniqüidades deles levará sobre si.*
> Isaías 53.10-11

UMA BOA CRUCIFICAÇÃO?

Se em alguma ocasião questionarmos – e se você ainda não o fez, tenha certeza de que fará – a confiabilidade da famosa afirmação de que "todas as coisas contribuem juntamente para o bem daqueles que amam a Deus, dos que são chamados segundo seu propósito" (Romanos 8.28), temos diante de nós um dilema. Como a encarnação, o sofrimento, a humilhação e finalmente a morte do filho de Deus pode ser explicada em quaisquer termos senão os trágicos? Quem entre nós *menos* merecia o que ele sofreu em sua vida? No entanto, diferente da maioria dos casos de nosso sofrimento no mundo, sabemos não somente *isso*, como também *como* e *por que* todas as coisas contribuíram para o nosso bem.

Ao longo de todo o caminho, havia obstáculos. O primeiro, não surpreendentemente, veio do próprio Lúcifer, o primeiro teólogo de glória, que desviou o primeiro Adão e sem dúvida tentou Israel a exigir comida no deserto em vez de confiar em cada palavra que vem da boca do Senhor. Agora ele tentava seduzir o segundo Adão a satisfazer as suas próprias necessidades sentidas, escolhendo a pompa do mundo ("os reinos do mundo") em vez da cruz. Se tomasse o caminho de Satanás, Jesus teria adquirido poder, dinheiro, sucesso e felicidade agora, aqui mesmo. Segurança total. Nunca indagar se haveria dinheiro suficiente na conta para cobrir uma despesa, ele teria o mundo a seus pés. Nem mais um dia de poeira nem noite sem teto, sofrendo a humilhação dos insultos e descrença do próprio povo que havia sido preparado pelos profetas para recebê-lo. Glória para si agora, ao invés da cruz. Era essa a tentação (Mateus 4.1-11).

Se fosse essa a única tentação de Satanás, nós ainda a entenderíamos. Afinal, ele é o "pai da mentira" (João 8.44). Porém, até mesmo os discípulos pareciam não entender a mensagem do mestre. Repetidas vezes, através de todos os Evangelhos, Jesus estava claramente no caminho que ia da Galileia para Jerusalém. Não havia conferência da imprensa na Galileia para impulsionar sua carreira. Na verdade, o começo de seu ministério foi marcado por segredo quanto à sua identidade, uma das razões pelas quais a insistência de sua mãe por reabastecer o suprimento do vinho na festa de casamento o irritou (João 2.1-12).

Mas à medida que Jesus caminhava em direção a Jerusalém, mais sinais o acompanhavam, aumentando claramente os anúncios quanto à sua pessoa e sua obra. As multidões começavam a apertar contra ele e seus discípulos. Ele procurou segredar aos discípulos, explicando do que se tratava sua missão, mas eles mudavam de assunto cada vez que ele mencionava sua iminente morte. Os próprios irmãos de Jesus, que ainda não criam nele, viam-no como produto comerciável (João 7.3-4). Era a teologia da glória, uma religião de "saúde mental": otimista, revolucionária, vitoriosa. Os discípulos viam Jerusalém como o grande desfecho, o dia de pagamento por todos os seus esforços: "Se eu conseguir vencer ali, serei vitorioso em qualquer lugar", como Frank Sinatra cantava a respeito da cidade de New York. Jesus insistia em dizer: "Vamos sim, para Jerusalém, mas não será nada como vocês imaginam".

O evangelho de Marcos destaca, de maneira especial, as muitas vezes em que Jesus procurou explicar sua morte e ressurreição. Finalmente, Pedro, cansado dessa conversa toda sobre a teologia da cruz, repreendeu o Mestre:

> *Então, começou ele a ensinar-lhes que era necessário que o Filho do Homem sofresse muitas coisas, fosse rejeitado pelos anciãos, pelos principais sacerdotes e pelos escribas, fosse morto e que, depois de três dias,*

> *ressuscitasse. E isto ele expunha claramente. Mas Pedro, chamando-o à parte, começou a reprová-lo. Jesus, porém, voltou-se e, fitando os seus discípulos, repreendeu a Pedro e disse: Arreda, Satanás! Porque não cogitas das coisas de Deus, e sim das dos homens.*
>
> Marcos 8.31-33

As "coisas de Deus" eram o plano de Deus para a redenção por meio da cruz; as "coisas dos homens" correspondem à teologia da glória. Como os fariseus, muitas vezes os discípulos se impressionaram mais com o ministério de Jesus de sinais e maravilhas, do que com as palavras para as quais esses sinais apontavam. A partir dessa repreensão, Jesus iniciou um sermão:

> *Então, convocando a multidão e juntamente os seus discípulos, disse-lhes: Se alguém quer vir após mim, a si mesmo se negue, tome a sua cruz e siga-me. Quem quiser, pois, salvar a sua vida perdê-la-á; e quem perder a vida por causa de mim e do evangelho salvá-la-á. Que aproveita ao homem ganhar o mundo inteiro e perder a sua alma?*
>
> Marcos 8.34-36

Jesus viria com poder, para libertar e julgar, em grande esplendor e majestade, como os discípulos esperavam quando entravam em Jerusalém. Mas esse não era o propósito *desta* viagem, Jesus disse (Marcos 9.1). Eles haviam confundido a primeira vinda de Jesus em fraqueza com a sua segunda vinda, que será em poder.

Noutra ocasião anterior, Tiago e João quiseram fazer vir fogo do céu sobre um vilarejo samaritano que recusou crer no evangelho: "Jesus, porém, voltando-se os repreendeu *e disse: Vós não sabeis de que espírito sois. Pois o Filho do Homem não veio para destruir as almas dos homens, mas para salvá-las. E seguiram para outra aldeia*" (Lucas 9.55-56).

Em Marcos 10, Jesus explicou novamente que sua morte e ressurreição eram iminentes. Qual a resposta dos discípulos desta vez? Tiago e João pediram garantia de uma posição avantajada quando Jesus entrasse na glória: "Permite-nos que, na tua glória, nos assentemos um à tua direita e o outro à tua esquerda" (Marcos 10.37). Eles ouviram *qualquer coisa* a respeito da cruz? Entenderam *alguma* coisa? Jerusalém, para os discípulos, ainda significava o dia da coroação na capital, e eles mal conseguiam dormir, imaginando-se no palanque junto dele!

Contudo, eis a resposta de Jesus à explosão de teologia de glória que eles expressaram: "Não sabeis o que pedis. Podeis vós beber o cálice que eu bebo ou receber o batismo com que eu sou batizado? Disseram-lhe: Podemos. Tornou-lhes Jesus: Bebereis o cálice que eu bebo e recebereis o batismo com que eu sou batizado" (Marcos 10.38-39). Que audácia! Eles achavam que ele seria ungido rei. O que agora ouviam era a pergunta: *Vocês conseguem suportar o fardo terrível, bem como a dignidade, de serem consagrados juntos a mim?* Mas estava também dizendo – como frequentemente já havia dito – que o batismo por vir era a morte! Não era uma morte comum. Seria a forma de execução mais cruel, mais desprezível, reservada para as ofensas capitais de maior vulto – e, além disso, haveria a maldição judicial de seu Pai a cortá-lo da terra dos viventes. Na verdade, o temor que os próprios discípulos tinham por suas vidas o deixaria desolado, sem nenhum consolo, sozinho num inferno de espinhos e pregos, com a ira de todo o céu pesando sobre seu rosto.

Foi por esta razão que Jesus disse a Tiago e João "vocês não sabem o que estão pedindo". Pela misericórdia divina, o pedido dos irmãos não foi atendido. Eles não foram coroados, um à direita e outro à esquerda de Jesus quando pendurado na cruz. Não sofreram a condenação divina. Jesus foi por eles ao terrível trono – sozinho. Jesus junta a si os discípulos, para indicar que espécie de reino estaria inaugurando, tão contrário às expectativas que eles tinham:

> *Sabeis que os que são considerados governadores dos povos têm-nos sob seu domínio, e sobre eles os seus maiorais exercem autoridade. Mas entre vós não é assim; pelo contrário, quem quiser tornar-se grande entre vós, será esse o que vos sirva; e quem quiser ser o primeiro entre vós será servo de todos. Pois o próprio Filho do Homem não veio para ser servido, mas para servir e dar a sua vida em resgate por muitos.*
>
> Marcos 10.42-45

Os corretores de poder dentre os gentios pregavam os inimigos na cruz a fim de chegar ao ápice do poder: este rei colocou *a si mesmo* numa cruz *em prol* de seus inimigos.

Sempre que Jesus mencionava sua morte aos discípulos, eles o repreendiam por sua morbidez, ou então mudavam de assunto para falar de coisas mais positivas, animadas e edificantes. Como nós todos, eles desejavam a religião *saudável*, não a religião da alma doente. Mas o Pai e o Espírito Santo responderam de maneira diferente. Quando Jesus abraçou voluntariamente a cruz em seu batismo, foi ouvida a bênção do Espírito Santo.

Agora, pela quarta vez, Jesus falava longamente sobre sua morte, e novamente, o Pai e o Espírito Santo testificaram ao ministério do Filho. De fato, as únicas ocasiões nos Evangelhos em que vemos uma voz vinda do céu são as ocasiões em que Jesus, em obediência, assumiu a cruz:

> *Agora, está angustiada a minha alma, e que direi eu? Pai, salva-me desta hora? Mas precisamente com este propósito vim para esta hora. Pai, glorifica o teu nome. Então, veio uma voz do céu: Eu já o glorifiquei e ainda o glorificarei. A multidão, pois, que ali estava, tendo ouvido a voz, dizia ter havido um trovão. Outros diziam: Foi um anjo que lhe falou. Então, explicou Jesus: Não foi por mim que veio esta voz, e sim por vossa causa. Chegou o momento de ser julgado este mundo, e agora o seu príncipe será expulso. E eu, quando for levantado da terra, atrai-*

> rei todos a mim mesmo. Isto dizia, significando de que gênero de morte estava para morrer.
>
> João 12.27-33

É sobremodo surpreendente que, enquanto os discípulos fugiram ante a crucificação, foi um oficial militar romano que, entre o clamor do trovão e sob a mortalha das trevas, declarou: "Verdadeiramente, este homem era o Filho de Deus" (Marcos 15.39). Somente após a ressurreição Jesus encontrou seus abatidos discípulos e pôde explicar-lhes como tudo que acontecera era exatamente conforme o planejado – não somente o plano secreto de Deus pelo qual ele faz com que todas as coisas contribuam para o bem, como também conforme seu plano descortinado na história, que em sua grande parte teria sido entendido se apenas eles tivessem lido atentamente as Escrituras, vendo Cristo e o seu evangelho como central.

Como os fariseus, que examinavam de perto a Bíblia sem ver a peça mestra do quebra-cabeça (ou seja, o próprio Cristo, conforme João 5.39), aqueles que no Domingo de Ramos mais esperavam a glória, na Sexta-feira Santa gritavam amargamente: "Crucifica-o, crucifica-o!" – enquanto os próprios discípulos, em sua maioria, dispersaram. Não entenderam nada até a manhã da Páscoa. A despeito dessa mensagem ter sido proclamada de Gênesis 3 até Malaquias 4, eles simplesmente não possuíam as coordenadas teológicas para compreender como estava se desenvolvendo a trama. Consequentemente, seu triunfalismo se transformou em desespero. Foi nessas condições que Jesus, já ressurreto os encontrou (ver Lucas 24.13-35).

Onde está Deus em meio a todo esse sofrimento? Pendurado na cruz, carregando sobre o próprio corpo a maldição da lei, bebendo o cálice da ira e o veneno de nosso pecado e morte. Ainda que não consigamos ver a soberania e bondade de Deus reconciliados nos holocaustos, *tsunamis*, tufões, e incêndios, aqui, essa harmonia é empiricamente verificável. Deus não é indiferente ao nosso sofrimento nem está incapacitado para intervir.

Ninguém sofreu maior injustiça em nossas mãos do que o próprio Deus-homem, no entanto, ele foi "entregue pelo determinado desígnio e presciência de Deus" (Atos 2.23). Podemos estar certos de que nas crises que nós enfrentamos, tanto as grandes quanto as pequenas, Deus faz com que todas as coisas cooperem para o bem (Romanos 8.28), porque a força de Deus foi aperfeiçoada na fraqueza – de uma vez por todas. A unidade da soberania e da bondade de Deus, que será revelada plenamente no dia final, já raiou de maneira decisiva na obra de Cristo. Deus triunfou sobre a serpente, a morte, o pecado, o mal e a tragédia. Jesus clamou: "Está consumado!" É garantida a nossa vitória, ainda que andemos no vale da sombra da morte (Salmo 23.4). Na verdade, neste famoso Salmo de consolo em meio ao desespero, podemos dizer: "não temerei mal nenhum, porque tu estás comigo; o teu bordão e o teu cajado me consolam".

A imagem de pastor na Escritura não é apenas aquilo que associamos à ovinocultura. No antigo Oriente próximo, "pastor" era linguagem real. O rei protegia seus súditos ao preço de sua própria vida. Sua vara e seu cajado eram equivalentes ao cetro e bastão portado pelos monarcas no trono. Em Cristo – ou seja, sob sua guarda – é-nos garantido que ele, não Satanás, é rei. A vida, e não a morte, tem a última palavra. Justiça, e não pecado, reina sobre nós; bênção, não condenação, é nossa herança aqui e agora. "O aguilhão da morte é o pecado, e a força do pecado é a lei. Graças a Deus, que nos dá a vitória por intermédio de nosso Senhor Jesus Cristo" (1Coríntios 15.56-57).

TOMAR NOSSA CRUZ

O renomado pastor, meu mentor, James Montgomery Boice, em sua última pregação à congregação no centro da cidade de Filadélfia, pouco antes de morrer devido a um câncer pancreático no ano 2000, disse: "Não peço que orem por minha recuperação, mas que, em minha morte, eu glorifique a meu fiel Salvador". Eu lhe disse que oraria assim mesmo pedindo a Deus que ele fosse curado, e ele parece que não achou ruim, mas o ponto é que, por mais terríveis que sejam as circunstâncias, elas são secundárias em relação à nossa salvação e a glória de Deus.

Quando li essas palavras postadas na *Internet*, lembrei-me de que ouvi um sermão sobre Jonas 1, em que James disse: "A graça de Deus não é um modo de *dar a volta* nos problemas, mas uma maneira de *atravessá-los*". É verdade que Deus em nenhum lugar nos promete prosperidade temporal, mas o modo como ele nos redimiu faz com que todos os nossos problemas tenham a forma da cruz – não são formados pelas circunstâncias, mas pelos sofrimentos e vitórias de Jesus Cristo.

A Escritura trata de nosso compartilhamento nos sofrimentos de Cristo como pré-requisito para compartilhar de sua glória (Romanos 8.17; 2 Coríntios 1.5; Filipenses 1.29; 1 Pedro 4.13). Primeiro de tudo, a cruz é a cruz *de Cristo*, a qual, conforme vimos, ninguém mais é capaz de suportar. Somente aquela cruz traz o perdão dos pecados e a paz com Deus. Os seus sofrimentos foram redentivos, enquanto os nossos são apenas nossa participação naquela vitória já conquistada. Mas o carregar de nossa própria cruz ainda assim é muito real. Não é outra cruz que carregamos, nosso próprio fardo pelo pecado e culpa, mas o compartilhar, como quem pertence a ele, de sua humilhação e vergonha. Ainda mais central na discussão que Paulo faz da questão do sofrimento, é sofrer pelo nome de Cristo – ou seja, o tipo de provações associadas à perseguição. No entanto, Paulo as expande para incluir toda espécie de sofrimento (Romanos 5.3-4).

Não é por imitar a morte e o sofrimento vicário e expiatório de Cristo, mas por sermos incorporados nele como membros organicamente ligados à sua cabeça, que morre e vive, que a sua conquista sobre o pecado e a morte se torna nossa. Portanto, o evangelho não é um apelo para que nos resignemos aos poderes e principados, como asseverava Nietzsche e seus herdeiros. É o convite para entregarmos voluntariamente a nossa vida que se encontrava sob o reinado do pecado e da morte, para recebê-la de volta como parte da nova criação de Deus.

É o que Jesus queria dizer quando afirmou: "Quem acha a sua vida perdê-la-á; quem, todavia, perde a vida por minha causa achá-la-á" (Mateus 10.39). A semente é semeada em fraqueza, mas é erguida de sua noite de inverno para produzir fruto abundante (ver 1 Coríntios 15.42-49). A mensagem recebida, que devemos proclamar, não é que Deus tenha vindo para fazer nossas vidas melhores, mais interessantes, de maior influência, maior virtude ou sucesso – é que somos enterrados para então sermos verdadeiramente vivificados.

Em minha experiência pessoal e pastoral, tenho observado que aqueles que exigem o céu na terra aqui e agora – saúde instantânea, riqueza, felicidade ou santidade – tornam-se, muitas vezes, os críticos mais amargurados, hostis, desiludidos do cristianismo. Quer seja corpo perfeito quer perfeita santidade, sucesso ou casamento perfeito, filhos ou segurança perfeitos, igrejas perfeitas – o que quer que queiram – temos de abandonar essa teologia de glória em vez de abandonar o Deus da glória que faz todas as coisas para o bem.

Observe que Deus faz com que *todas as coisas cooperem* para o bem. Isso não significa que tenhamos de chamar de "boas" todas as coisas. As coisas horríveis que acontecem conosco e com nossos queridos nos enchem de sofrimento justo, minando nossas forças e perturbando a nossa alma. Doença e morte, sofrimento e dor, continuam sendo questões que enfrentamos com a seriedade própria, não devendo ser trivializadas nem sentimentalizadas ou celebradas. É verdade que não nos entristecemos como os demais que não têm esperança (1 Tessalonicenses 4.13), mas *realmente* nos entristecemos. Existe tempo para rir e tempo para lamentar (Eclesiastes 3). O que cremos a respeito de Deus e de seus propósitos revelados na história – noutras palavras, nossa teologia – modela o modo como experimentamos a ambos, alegria e tristeza, na devida proporção. O livro dos Salmos contém toda a gama de emoções humanas porque inclui toda a gama de teologia bíblica. Precisamos recuperar a maturidade teológica e emocional desse hinário inspirado, recusando nos acomodar apenas às rimas risonhas ou corinhos exultantes que excluam as músicas mais tristes do *blues*.

Quanto a nós mesmos, temos de tomar nossa cruz, não a evitando nem procurando por ela. Como disse Lutero, a cruz nos encontra. Não é um chamado ao "complexo de mártir" que se curva ante o sofrimento, o mal, o pecado, ou dor em nós ou nos outros – ainda menos, fingir que uma cruz de espinhos seja razão para celebrar em vez de lamentar. Mas é, sim, estar preparado para "Se temos de perder família, bens, prazer... e a morte enfim chegar" por amor do reino cujos bens pesam e perduram muito mais que qualquer outra coisa que possamos conhecer nesta época que tão rápido desvanece.

ALÉM DE CANJA DE GALINHA

O cristianismo é para os fracos e oprimidos. Nisso, Nietzsche e seus discípulos estavam certos. Eles nos dirão que nossa "explicação" do problema da existência do mal é filosoficamente inadequada. É claro que é – especialmente para aqueles que não aceitam a interpretação que Deus faz da realidade. Os filósofos falarão sobre reconciliar certa noção de Deus com certa noção de liberdade, para então levar em conta o mal e procurar uma solução finalmente viável. O Evangelho, contudo, conta uma história de um Deus que é bom, que criou e reina sobre todos, trazendo a salvação sobre a miséria que nós fizemos de nós mesmos.

Podemos falar da criação do mundo e da humanidade em justiça, do pecado original, da maldição sobre todos os aspectos da vida devido à queda, e da provisão de Deus de redenção em Jesus Cristo dessa maldição. Podemos falar com grande esperança da era por vir quando nossos corpos ressuscitarão – uma época pela qual todo o mundo geme, pois ele também gozará a gloriosa liberdade dos filhos de Deus (Romanos 8).

Mas no fim do dia, o sofrimento ainda é um enigma para nós. O sofrimento é problema para nós apenas porque algo em nosso interior sabe que esse não era o jeito que as coisas deveriam ser, que existe algo mais, que no futuro há um propósito para tudo.

Nietzsche e seus discípulos podem ter identificado corretamente que o cristianismo é para os fracos – não para indivíduos autoconfiantes que tenham força de vontade e poder. Mas, porque aquele que era rico tornou-se pobre por amor de nós, o que era poderoso tornou-se fraco por amor de nós, e o que era sábio tornou-se louco por amor de nós – os mansos nele "herdarão a terra" (Mateus 5.5). Para otimistas de mente saudável, Jesus anuncia que veio salvar os doentes e não os sãos. Precisamos mais do que uma canja de galinha para a alma – precisamos ser transferidos do domínio do pecado e da morte para o reino do Filho de Deus. Precisamos esperança – não da espécie expressa pelo "sonho americano" ou pelo sentimentalismo vago de um grilo falante "sonhando numa estrela", mas sim, "a qual temos por âncora da alma, segura e firme, e que penetra além do véu, onde Jesus, como precursor, entrou por nós, tendo se tornado sumo sacerdote para sempre, segundo a ordem de Melquisedeque" (Hb 6.19-20).

Conquanto alguns que se professavam cristãos tivessem perpetrado enormes injustiças em nome do cristianismo através dos séculos, mais pessoas morreram sob a égide experimental de Nietzsche e seus discípulos (mormente, Hitler e Stálin) do que junto em todos os outros séculos anteriores. A força total da teologia de glória de Nietzsche e seus discípulos niilistas em nosso próprio tempo representam um poder que quer esmagar toda forma de fraqueza. Mas a teologia da cruz proclamada, abraçada, e desempenhada pelo servo sofredor tem arrancado do poder das trevas sua ameaça máxima, e no tempo certo, pisoteará todos os seus inimigos.

As boas novas há tanto tempo anunciadas, seladas pelo servo sofredor e sua vitória sobre o pecado e a morte, ainda hoje está sendo oferecida aos que andam cansados de ser "super-homens", cansados de cinismo, que estão prontos a permutar sua teologia de glória pela teologia da cruz: "Vinde a mim, todos os que estais cansados e sobrecarregados, e eu vos aliviarei" (Mateus 11.28).

Capítulo 4

O SEU DEUS É GRANDE O BASTANTE?

William James, pai da filosofia americana conhecida como pragmatismo (ou seja, a verdade é aquilo que dá certo para maior número de pessoas), disse que a prova de uma declaração religiosa está em seu "valor em dinheiro vivo em termos experienciais". "Sob princípios pragmáticos, se a hipótese de Deus dá certo no sentido mais amplo da palavra, ela é verdadeira". Segundo esse conceito, a religião é "meramente terapêutica ou de tipo *melhorista*". James diz que "Deus não é adorado – ele é utilizado". Escolhemos nossa religião – ou a descartamos – baseado na percepção de sua relevância para melhorar nossa vida. Em suma, cremos porque "dá certo" – não porque seja "verdade".[1]

Um estudo recente escrito pelo renomado sociólogo Christian Smith confirma que os jovens norte americanos não são irreligiosos, e sim, razoavelmente comprometidos com o que Smith chama de "deísmo terapêutico moralista".[2] Numa análise semelhante de sermões em igrejas evangélicas e

---

[1] Citações extraídas de William James, *Pragmatism and Four Essays from "The Meaning of Truth"* (New York: Meridian, 1955), pp. 195, 192 – 93.
[2] Ver Christian Smith e Melinda Lundquist Denton, *Soul Searching: The Religious and Spiritual Lives of America's*

tradicionais das principais denominações, Marsha G. Witten, que descreve a si mesma como "socióloga não cristã", concluiu em sua maior parte o mesmo, mostrando que o conteúdo da pregação difere muito pouco entre as igrejas evangélicas e as "mais liberais".[3]

Presume-se, claro, que realmente jamais encontremos Deus – uma pessoa distinta de nós – mas apenas nossas ideias pessoais, nacionais ou culturais de "deus". Jamais experimentamos *Deus*, mas apenas nossas próprias *experiências* de Deus. Assim, *Deus* se resume apenas "àquilo que nós precisamos".

Já observamos que a cultura popular enxerga cada vez mais o papel de Deus em nossa vida como sendo exclusivamente um empreendimento terapêutico. Claro que essa não é uma observação nova. O ateísmo moderno (Feuerbach, Nietzsche, Marx, Freud) tem argumentado consistentemente que "deus" não é mais que uma projeção psicológica de nossa própria necessidade de consolo transcendente em face de pressões que nos sobrepujam. Apenas as pessoas "fracas" precisam de Deus, e a religião continuamente reforça sua reserva em tomar a vida em suas próprias mãos. Essa objeção (levantada no capítulo anterior), se relaciona a nosso conceito de Deus. Seria Deus mera projeção das necessidades que nós sentimos? Nós simplesmente adotamos conceitos que caibam dentro de nossa própria experiência ou ideias e expectativas pré-concebidas?

É claro que a verdade não é assim. Sabemos que entramos na realidade quando sua intensidade jorra com toda força, desequilibrando-nos. Mas entrar em contato com suas próprias projeções psíquicas é simplesmente reforçar pressupostos existentes em vez de agir com base em algo externo. Estamos falando aqui sobre *idolatria*. Afinal de contas, encontrar o Deus verdadeiro que está aqui, que falou por intermédio dos profetas e apósto-

---

Teenagers (New York: Oxford Univ. Press, 2005).

3 Marsha G. Witten, *All Is Forgiven: The Secular Message in American Protestantism* (Princeton, N.J.: Princeton Univ. Press, 1993).

los, culminando em seu próprio Filho, é algo bastante desconcertante. Os ídolos confirmam aquilo que já presumíamos sobre a realidade; o Deus de Israel nos confunde.

Há alguns anos, J. B. Phillips escreveu seu esplêndido clássico chamado "O teu Deus não chega ao céu", em que argumenta que a divindade crida por muitos cristãos é fraca demais para tratar de crises de adolescentes e de adultos. Quando vem o sofrimento, muitos que nunca passaram além das imagens sentimentais de Deus, descobrem que simplesmente não possuem um Deus em quem valha a pena de confiar nas horas difíceis.

Em debates recentes, até mesmo em círculos evangélicos, a combinação de centrado na experiência (religião como terapia) e retratos sentimentalizados de Deus tem se tornado especialmente problemática. Desafiando a visão cristã clássica de Deus, um grupo crescente de teólogos e pastores argumenta que Deus não controla tudo que acontece, nem mesmo *sabe* tudo que vai acontecer. Em vez disso, "em amoroso diálogo, Deus nos convida a participar com ele para fazer o futuro acontecer". Dizem eles: o que precisamos desesperadamente é de uma "teologia que reforce, ao invés de tornar problemática, nossa experiência relacional com Deus".[4] Em declarações tais como essa, discernimos as linhas amplas da combinação fatal de centrar-se na experiência e apresentar retratos sentimentalizados de Deus. Quando a tragédia acontece, tais retratos sentimentais na verdade se tornam em fragmentos esmiuçados de uma fé infantil.

Deixar que a experiência seja nosso guia, ainda que superficialmente, pode fazer sentido, não é mesmo? Afinal de contas, nossos sentimentos são "antenas" que apenas coligem os dados, e nossa experiência apenas registra os fatos do caso, não é assim? Na verdade, tal visão da experiência – ou de qualquer outra faculdade humana – é assaz ingênua. Como percebemos cada vez mais, a nossa experiência, (como também mesmo o pensamento)

---

4 Clark Pinnock et al., *The Openness of God: A Biblical Challenge to the Traditional Understanding of God* (Downers Grove, Ill.: InterVarsity, 1994), pp. 7 – 8.

é condicionada. Não existem dados neutros, livres de valor. Não existem fatos brutos da existência – dados crus que não necessitem de interpretação. Nossa experiência sempre vem carregada de uma multidão de pressupostos, alguns explícitos e outros implícitos.

Não somos cônscios da grande variedade de pressuposições que usamos, mesmo impensadamente, para interpretar a experiência. Por exemplo, quando lemos as descrições feitas pelos peregrinos da colônia de Plymouth, descrevendo com suas próprias palavras as camadas de dificuldades pelas quais passaram, a confiança na providência divina os levou a interpretar as suas provações de maneira bem diferente da interpretação dos obstáculos dos seguidores do evangelho de prosperidade dos dias atuais. Não existe experiência isenta de teologia. Tudo é interpretado, e a questão é se existe algo fora da nossa interpretação que faça uma avaliação a fim de saber se esse entendimento está certo. Se a experiência for normativa – ou seja, juiz e júri – então o ateísmo moderno provavelmente está certo ao dizer que "Deus" não é uma realidade objetiva fora de nossas projeções, mas algo que "criamos" – como o amigo imaginário da infância – para sustentar nossas proposições que atualmente reinam quanto à realidade.

Seguir apenas nossas experiências significa que estamos sempre presos àquilo que já cremos. Se deixarmos que somente nosso coração nos guie, jamais seremos desafiados, corrigidos, surpreendidos, ou transformados numa direção mais libertadora. Não é que o ateu falhe em experimentar a realidade, mas que ele ou ela experimentam a realidade *como* uma vida sem Deus. A interpretação (ou seja, sua teologia – até mesmo para o ateu!) molda como experimentamos as coisas, ainda que duas pessoas estejam passando por exatamente a mesma crise. Para aquele que nega que Jesus é Deus encarnado que vem nos socorrer, qual a experiência que conta em favor da ressurreição? Como o próprio Jesus disse aos líderes religiosos: "Se não ouvem a Moisés e aos Profetas, tampouco se deixarão persuadir, ainda que ressuscite alguém dentre os mortos" (Lucas 16.31). [Vocês não acreditariam, mesmo se Deus levantasse alguém da morte, tradução do autor].

DEUS EM SEUS PRÓPRIOS TERMOS

É irônico que a própria experiência força-nos a escolher se permitiremos que ela seja nosso juiz ou o réu acusado. Na verdade, é um pedaço de boas novas o fato da experiência não ter a última palavra. Que mesmo em face de males, tragédias, tentações e dúvidas terríveis, as libertações supostamente óbvias da experiência possam ser equivocadas; que, na verdade, Deus possa estar muito mais presente em suas misericórdias salvadoras, ainda que a nossa experiência diga que ele está distante e não se importa conosco. Este é um ponto chave da teologia da cruz: Deus é *mais presente*, precisamente quando parece estar *mais ausente*. Novamente afirmo, não é uma especulação generalizada; uma maneira fácil de aceitar a situação a despeito das evidências. É, na verdade, fundamentada sobre o fato empírico da obra salvadora de Deus em Cristo. Tanto o nosso *questionamento* dos propósitos de Deus quanto nossa *confiança* neles são provocados pela realidade empírica. Os acontecimentos que comprovam a fidelidade de Deus ocorrem no mesmo plano histórico que os que desafiam sua fidelidade. Portanto, são os eventos empíricos da cruz e ressurreição, não os elementos cotidianos cujo significado *não* nos é revelado, que demonstram a confiabilidade do caráter de Deus.

Embora "fazer do homem a medida" da verdade, especificamente mediante a experiência, seja mais obviamente ligado à teologia (liberal) moderna, é amplamente aceita, pelo menos na prática, por todo o espectro teológico atual. Sou surpreendido pela extensão a que alguns teólogos cristãos se dispõem a rejeitar o entendimento tradicional de Deus por uma teologia que "reforce, ao invés de tornar problemática, nossa experiência relacional com Deus". Considere como, sempre que Jesus proclamava o reino, até mesmo aqueles que deviam ter melhor conhecimento, se ofendiam e o abandonavam. Lembre-se do que Paulo disse sobre o evangelho ser "loucura para os que se perdem" (1Cotíntios 1.18).

De fato, todo o propósito da pregação é vivificar aqueles que estão espiritualmente mortos, transformar corações de pedra em corações de carne, fazer com que aconteça o arrependimento – mudança de mente que reconheça o quanto a experiência e a razão da pessoa estavam erradas – tudo para conduzir à fé em Cristo. Somos exortados a não mais "nos conformar com o modelo de pensamento deste mundo, mas transformar-nos pela renovação da nossa mente, para que experimentemos qual seja a boa, agradável e perfeita vontade de Deus" (Romanos 12.2, tradução do autor).

Naturalmente, isso presume que a realidade não seja uma projeção da nossa cabeça, mas sim, existe separada de nós mesmos. C. S. Lewis ressalta tão bem este ponto em contraste com o panteísmo – a ideia de que tudo seja divino, confundindo a criatura com o Criador. Ele diz: "As pessoas relutam em passar de uma divindade abstrata e negativa para um Deus vivo". Ele acrescenta:

> Não me maravilho disso. Aqui está a raiz mais profunda do panteísmo e da objeção às figuras tradicionais. Era odiado, não porque no fundo se mostrava como homem, mas porque se mostrava com rei e até mesmo guerreiro. O deus panteísta não faz nada, nada exige, está ali se você quiser, como um livro numa prateleira. Ele não o persegue... Mas é sempre chocante encontrar vida onde achávamos estar sozinhos. Gritamos: Cuidado! Está vivo! Portanto é este o ponto em que muitos de nós nos retraímos – eu teria feito o mesmo se tivesse conseguido – e não procedemos mais com o cristianismo. Um "Deus impessoal", tudo bem, tudo bom. Um deus subjetivo de beleza, bondade e verdade dentro da nossa cabeça, melhor ainda. Uma força de vida informe que surge dentro de nós, um vasto poder que conseguimos puncionar – melhor que tudo! Porém, o Deus vivo, ele mesmo, puxando a corda

do outro lado, talvez se aproximando de nós em velocidade infinita, o caçador, o rei, o marido – essa é uma questão bem diferente.[5]

Com certeza aqueles entre nós que estão desafiando a doutrina tradicional de Deus não são todos panteístas. Mas se esse é seu caso, por que eles permitem que a experiência humana dite a verdade? Afinal, se Deus não é imanente (ou seja, próximo e envolvido em nossa vida) como também transcendente (ou seja, acima de nós, além de nós, diferente de nós, glorioso em poder e sabedoria), então a interpretação que Deus faz da realidade, mesmo da nossa própria realidade, terá de julgar nossa experiência. Não conhecemos a Deus de maneira confiável apenas pela nossa experiência (ou nossa interpretação da realidade), mas pela revelação de Deus (ou seja, a *sua* interpretação da realidade). Este é o ponto de partida básico para toda teologia saudável.

Na verdade, a teologia cristã é especificamente responsabilizada por *tornar problemático* nosso relacionamento com Deus, apresentando Deus a nós e aos outros de maneira a ser confrontado com uma pessoa que não se conforma aos recintos estreitos e pecaminosos de nossos próprios desejos, expectações e conceitos. O Deus que vem a nós pela revelação não é uma projeção, e sim, uma pessoa. Ele luta conosco até ficarmos no chão, tira o nosso orgulho e nos deixa sair do confronto com uma claudicação para que jamais nos esqueçamos do encontro.

Depois de argumentar que a Escritura, e não a nossa experiência, deve decidir tais questões, a próxima pergunta é: Com que espécie de Deus a Escritura nos confronta? Parece fácil dizer que a Escritura deverá decidir, mas logo descobrimos que também a Escritura tem de ser interpretada. Como fazer isso de maneira fiel?

Uma pressuposição recorrente deste livro é que só podemos interpretar a Escritura com fidelidade se a lermos tendo Cristo como o centro.

---
5 C. S. Lewis, *Miracles* (New York: Macmillan, 1947), pp. 93–94.

Cristo é o Verbo Vivo, revelação pessoal do próprio Deus em carne. Podemos tomar nossos versículos favoritos da Bíblia para juntá-los à nossa ideia de Deus, mas é somente em Cristo que a transcendência de Deus (diferente e distante de nós) e sua imanência (proximidade), poder e fraqueza, soberania e graça, justiça e misericórdia, ira e amor, chegam à sua expressão mais clara. De uma perspectiva cristã, o mero teísmo – ou seja, a simples defesa de um ponto de vista comum a todos os monoteístas (judeus, muçulmanos e cristãos) – não dá solução ao problema da existência do mal. Aqui é verdade que "Deus" é o problema, não a solução. Acabaremos facilmente sendo ou deístas (Deus não se envolve) ou panteístas (Deus não se distingue de sua criação).

Em Cristo, porém, o Deus totalmente distinto de sua criação tornou-se, contudo, parte da criação, sem perder sua transcendência na permuta. "O Verbo se fez carne e *habitou* entre nós" (João 1.14 – "montou sua tenda conosco", tradução minha). Deus não depende do mundo de maneira alguma, no entanto, se envolveu de tal modo que assumiu, por sua própria vontade, nossa carne, sofrendo em nossas mãos, carregando sobre si a nossa justa sentença sobre a cruz.

Passemos então a desafios específicos.

DESAFIOS AO PODER DE DEUS

Através dos séculos, a maioria dos cristãos teria concluído que a tendência recente de medir Deus de acordo com nossa própria experiência, rejeitando sua onipotência e onisciência, é uma rejeição direta do primeiro artigo do Credo Apostólico: "Creio em Deus Pai Todo-Poderoso". Alguns teólogos dizem: Se Deus é *bom*, certamente ele teria impedido o holocausto se pudesse; portanto, ele simplesmente não pôde fazê-lo. Especialmente à luz de horríveis eventos históricos, mas também sem dúvida enfraquecido pelo fracasso em ensinar uma visão adequada de Deus no perpassar das gerações, nossa época tende a optar por esse aspecto do dilema. Melhor ter um deus que evitaria que coisas ruins acontecessem, se ele pudesse, do que um deus que permite, ou até meso propõe o mal e o sofrimento, conforme se diz em campeões de venda como o do Rabino Harry Kushner, *Quando coisas ruins acontecem com pessoas boas.*

Esse ponto de vista identifica tanto a Deus com o mundo, que criador e criação estão virtualmente fundidos. Porém, o panteísmo e o ateísmo não são tão diferentes. (Na verdade, no Busdismo, são a mesma coisa). Afinal de contas, se tudo, em algum sentido, é divino, então não há espaço para um Deus distintivamente pessoal. Nos anos sessenta, os teólogos da "morte de Deus" argumentavam isso de modo tão forçoso que a revista *Time* deu-lhes um artigo de capa – um pano de fundo negro com os dizeres destacados em vermelho, perguntando: Deus está morto?

Outros se restringem um pouco: Deus não morreu, mas está agonizando. Ele é vítima, como todos nós. Ele gostaria de mudar as coisas para nós, mas não pode ou não quer, devido ao alto valor que coloca sobre a nossa liberdade.

Embora ele não seja nenhum teólogo conservador, Hans Küng oferece uma crítica fundamentada nessa posição, como inspirada mais por Hegel do que pela Bíblia. Küng tem gasto a maior parte de sua vida interagindo com o holocausto como teólogo católico romano suíço (ainda que rebelde). No entanto, ele observa corretamente que não podemos "descartar" a bondade de Deus a fim de encontrar uma explicação mais fácil para o sofrimento. Escreve ele:

> Uma olhada na Escritura poderá tornar sóbria tal ousadia especulativa. Concordamos que a linguagem antropomórfica da Bíblia em hebraico às vezes atribui a Deus toda a gama dos sentimentos e atitudes humanos. Mas em nenhum lugar elimina as diferenças entre Deus e os seres humanos, nem declaram em lugar algum que a dor e o sofrimento humano seja a dor e o sofrimento de Deus. Em nenhum lugar a qualidade

divina de Deus se torna impiedade, sua fidelidade em infidelidade, sua confiabilidade deixa de ser confiável, sua misericórdia divina passando a ser dó humano. Para a Bíblia hebraica, embora os humanos falhem, Deus não falha; quando seres humanos morrem, Deus não morre junto. "Porque eu sou Deus e não homem, o Santo no meio de ti" declara Oséias 11.9 contra qualquer humanização de Deus, ainda que precisamente neste ponto, como em outros lugares, exista uma conversa antropomórfica sobre a "compaixão" de Deus para com seu povo.[6]

Quanto ao caráter imutável de Deus, o Novo Testamento conta a mesma história. Jesus clama ao Pai:

"Deus meu, Deus meu, por que me desamparaste?" (Mateus 27.46), não porque Deus sofra como nós sofremos, mas porque o filho foi feito "em todas as coisas, à nossa semelhança, mas sem pecado" (Hebreus 4.15). Küng nos encoraja a "protestar enfaticamente contra um entendimento masoquista, tolerante de Deus, em que um deus fraco se torture até a ressurreição, sofrendo e morrendo, para não sofrer eternamente".[7]

Os crentes através dos séculos têm concluído corretamente, ao ler as Escrituras, que Deus está no comando. Primeiro, Deus é autossuficiente. Somente Deus é fonte da vida, não depende de nada ou de ninguém para sua existência ou felicidade. Isso significa que, quando Deus entra em relacionamento com suas criaturas, ele é totalmente livre e espontâneo. Diferente dos deuses da mitologia grega, o Deus verdadeiro "não é servido por mãos humanas, como se de alguma coisa precisasse; pois ele mesmo é quem a todos dá vida, respiração e tudo mais" (Atos 17.25). Deus não nos criou por sentir-se sozinho ou entediado, mas por estar tão cheio de vigor e superabundância

---

6 Hans Küng, *Credo: The Apostles' Creed Explained for Today* (Nova York: Doubleday, 1993), p. 86.
7 Ibid., p. 87.

de alegria que por sua livre vontade quis compartilhar a si mesmo! Ele não precisava nos criar, mas o fez. Somos resultado da livre liberdade e amor de Deus – não por sua falta ou carência.

Segundo, Deus é imutável em sua natureza e propósitos. Conquanto os desígnios *revelados* de Deus sejam muitas vezes contingentes aos atos de seus parceiros na aliança, os planos *secretos* de Deus já estão resolvidos, muito antes de nós aparecermos no cenário. O salmista observa que quando Deus troca os antigos céus e terra, como uma ama troca as fraldas do bebê, ele não muda: "Eles perecerão, mas tu permaneces; todos eles envelhecerão como uma veste, como roupa os mudarás, e serão mudados. Tu, porém, és sempre o mesmo, e os teus anos jamais terão fim" (Salmo 102.26-27). Deus declara quanto a si: "Eu, o Senhor, não mudo; por isso, vós, ó filhos de Jacó, não sois consumidos" (Malaquias 3.6). É por isso que Israel pode habitar seguro, pois se Deus fosse capaz de mudar pela ação humana, Israel já teria sido consumido em sua ira. Paulo se refere às nações como tendo mudado a glória imutável e perfeita de Deus em uma deidade mutável e imperfeita (Romanos 1.23).

Terceiro, Deus tem todo conhecimento e poder sobre todas as circunstâncias. Não há limites para Deus, nenhum lugar onde sua soberania não penetre (Jó 37.16). Deus não pode errar naquilo que sabe. O seu conhecimento é perfeito:

> *Lembrai-vos das coisas passadas da antiguidade: que eu sou Deus, e não há outro, eu sou Deus, e não há outro semelhante a mim; que desde o princípio anuncio o que há de acontecer e desde a antiguidade, as coisas que ainda não sucederam; que digo: o meu conselho permanecerá de pé, farei toda a minha vontade; que chamo a ave de rapina desde o Oriente e de uma terra longínqua, o homem do meu conselho. Eu o disse, eu também o cumprirei; tomei este propósito, também o executarei* (Isaías 46.9-11; *cf* Isaías 42.9).

Isso nos vem novamente como advertência bem como promessa. Que Deus saiba todas as coisas a nosso respeito e tenha poder soberano sobre nosso destino é uma má notícia para quem não tem um mediador.

Mas em Cristo, somos revestidos de justiça. O conhecimento de Deus já tratou de todos os obstáculos que tínhamos para a salvação, e seu poder os conquistará. Paulo escreve: "nele fomos também feitos herança, predestinados segundo o propósito daquele que faz todas as coisas conforme o conselho da sua vontade" (Efésios 1.11). A nossa salvação é fundamentada sobre "o propósito de Deus da eleição" (Romanos 9.11), diz o apóstolo. "Assim, pois, não depende de quem quer ou de quem corre, mas de usar Deus a sua misericórdia" (Romanos 9.16). Até mesmo o Faraó é apresentado como testemunha material nessa questão (9.17). Deus é soberano sobre todo o "torrão de barro" da humanidade, para fazer o que a sua sabedoria ordena (Romanos 9.11-24). Até mesmo o resultado do lançamento de dados (Provérbios 16.33) é, em última análise, determinado por Deus.

Quarto, Deus está em *todo* lugar, enquanto transcende até mesmo a categoria do próprio espaço. Isso quer dizer que ele não exercita seu poder, conhecimento e sabedoria de longe, mas que está de tal forma *presente* em tudo, que pode fazer acontecer seus intencionados resultados sem que de alguma forma tire a liberdade ou contingência das criaturas. Deus não é "o homem do andar de cima" que às vezes desce quando oramos com bastante força. Deus está presente nas ruas de New York ou São Paulo, como também no céu.

Conforme veremos, especialmente quando examinarmos a história de Jó, esses "atributos invisíveis de Deus", como os chama Paulo em Romanos 1.20, não são suficientes para despertar esperança em meio à crise, mas são pressuposições essenciais a ela. Se Deus não for *Deus*, nada mais importa. Estamos todos "sem esperança e sem Deus no mundo" (Efésios 2.12), pelo menos em sentido prático. Poderíamos adotar os deuses gregos, que eram pouco mais que seres humanos super poderosos.

Conquanto um Deus fraco possa fazer mais sentido à luz de nossa experiência (sentida) de sofrimento, seria não apenas contrário às Escrituras como também à esperança. Pode haver alguma momentânea utilidade terapêutica ter um amigo divino ao lado que apenas sinta nossa dor conosco, mas podemos confiar num deus assim, depender dele, orar para ele ou louvar um deus que não pode ou não quer fazer nada? Mesmo que digamos que ele *pode* intervir, mas *se recusa* a isso porque preza demais a nossa liberdade, enfrentamos o mesmo problema do caráter divino à luz de nossa experiência. Existe alguém que esteja vivo que diria que a recusa de Deus de intervir na carnificina sem sentido do século XX, desde a Primeira Guerra Mundial até Ruanda, foi justificada pela sua preocupação com nossa liberdade de controles externos? Com certeza a Escritura revela Deus como quem interveio de modo dramático sobre os afazeres humanos, coagindo no passado, então, por que não em Auschwitz? Certamente a escravidão dos judeus no Egito não foi um mal maior, se comparado ao Holocausto. É realmente um consolo dizer aos sobreviventes que Deus voluntariamente se omitiu, ficando nos bastidores, do que dizer que todas as coisas contribuem para o bem, conforme Romanos 8.28? Certamente enfrentamos um problema maior, se pensarmos em Deus como simples observador de fora – talvez nem sabendo antecipadamente que aconteceriam tais males! Isso significaria que nem poderíamos nos consolar na existência de um plano ou projeto maior de Deus para as tragédias de nossa vida. Um acidente aleatório, acidente esse que ceifou a vida de nossa única filha, por exemplo, seria totalmente sem sentido. Como poderíamos continuar orando a um Deus como esse? E se tivéssemos tal inclinação, de que adiantaria?

Se alguém está preso num elevador em um prédio em chamas, é melhor termos um bombeiro do lado de fora abrindo a porta do que um colega, vítima do mesmo incêndio, também preso, mas é *simpático* à situação. Sendo ele onisciente, Deus conhece nossa dor e ouve nosso clamor. Em Cristo, Deus experimentou nosso sofrimento humano sendo ele Deus-

-homem. Mas como *Deus*, ele foi capaz de nos livrar porque possuía os atributos que nós não possuíamos. Por ser ele Deus de invencível poder, sabedoria e conhecimento, não é possível impedi-lo de fazer acontecer o futuro que ele prometeu.

Até mesmo o orgulhoso rei Nabucodonozor (que o ex-ditador iraquiano Sadam Hussein louvou como sendo seu precursor) aprendeu essa lição de maneira dura. Certo dia, andando sobre o telhado do palácio, contemplando a glória de seu reinado e gabando de seu sucesso, Deus enviou ao rei uma doença definhadora que transformou um grande rei em camponês que vivia como um animal. Nabucodonozor, humilhado, conta sua própria história:

> *Mas ao fim daqueles dias, eu, Nabucodonosor, levantei os olhos ao céu, tornou-me a vir o entendimento, e eu bendisse o Altíssimo, e louvei, e glorifiquei ao que vive para sempre, cujo domínio é sempiterno, e cujo reino é de geração em geração. Todos os moradores da terra são por ele reputados em nada; e, segundo a sua vontade, ele opera com o exército do céu e os moradores da terra; não há quem lhe possa deter a mão, nem lhe dizer: Que fazes? Tão logo me tornou a vir o entendimento, também, para a dignidade do meu reino, tornou-me a vir a minha majestade e o meu resplendor; buscaram-me os meus conselheiros e os meus grandes; fui restabelecido no meu reino, e a mim se me ajuntou extraordinária grandeza. Agora, pois, eu, Nabucodonosor, louvo, exalto e glorifico ao Rei do céu, porque todas as suas obras são verdadeiras, e os seus caminhos, justos, e pode humilhar aos que andam na soberba.*
>
> Daniel 4.34-37

Assim, quando Deus age, é em força, abundancia, autossuficiência e liberdade que o faz – não em fraqueza, falta, dependência ou constrangimento.

FORTE PARA SALVAR

Saber essas verdades a respeito de Deus não resolve completamente nossa curiosidade quanto ao problema da existência do mal ou do sofrimento. É, porém, boas notícias para aqueles que estão sofrendo. Nosso Pai é forte para nos salvar. Isso quer dizer que ele *pode* e *fará* todas as coisas certas e limpará de nossos olhos toda lágrima. Talvez isso não satisfaça nossa razão ou venha de encontro à nossa experiência, mas com certeza, não existe outra solução mais pratica para a existência do mal e do sofrimento que esta.

Temos de eliminar tanto o ídolo de um deus amoroso, mas fraco, quanto o de um deus forte, mas desprovido de graça. Nenhum desses ídolos é forte suficiente para cativar corações e mentes de nossa era desiludida, especialmente em face da opressão, do mal, da violência e da morte. Mais importante, nenhuma dessas visões representa o Deus da Bíblia. A grande visão se encontra no conceito ortodoxo da Trindade, onde Jesus o Filho, se revela a nós como "Pai Todo-Poderoso".

Quando Paulo se colocou sobre o outeiro do Areópago, confrontou tanto os filósofos epicuristas quanto os estóicos. Os primeiros eram basicamente deístas (empurrando Deus para longe para que pudessem viver de maneira irresponsável), enquanto os segundos eram basicamente panteístas (identificando Deus com sua criação). Ironicamente, dada a crítica típica da doutrina clássica de Deus como sendo definida demais em termos de elementos estóicos, é nesse contexto (contra o estoicismo) que o apóstolo aos gentios proclamou Jesus e a ressurreição, sobre o fundamento de que

O Deus que fez o mundo e tudo o que nele existe,
sendo ele Senhor do céu e da terra,
não habita em santuários feitos por mãos humanas.
Nem é servido por mãos humanas,
como se de alguma coisa precisasse;

> *pois ele mesmo é quem a todos dá vida, respiração e tudo mais;*
> *de um só fez toda a raça humana para habitar sobre toda a face da terra,*
> *havendo fixado os tempos previamente estabelecidos*
> *e os limites da sua habitação;*
>
> Atos 17.24-26

Noutras palavras, a despeito de uma ideia estática da divindade sem sentimentos e sem mudanças, a visão estóica tinha colapsado criador e criatura de modo muito semelhante aos termos contemporâneos. É a doutrina cristã de Deus, conforme mantida no cristianismo histórico, que invalida tanto a hiper-imanência (panteísmo) quanto a hiper-transcendência (deísmo). Jesus Cristo não somente nos ensina, também demonstra-nos que o Deus de Israel é Senhor sobre e além de nós, como também Emanuel, "Deus conosco". Deus não é necessitado – nós somos carentes. Deus não depende de nós – nós somos incapazes sem ele. Deus determina o futuro, e, portanto, podemos estar certos de que seus sofrimentos por nós em Jesus Cristo resultarão nos frutos prometidos: paz eterna num mundo onde não haverá mais sofrimento, e Deus será tudo em todos.

Capítulo 5

EXISTE ALGUÉM ALI EM CIMA?

Minha esposa, confinada à cama não apenas por sua gravidez, mas também por uma severa depressão induzida por hormônios, recitava o Salmo 51.12 como o grito de seu coração: "Restitui-me a alegria da tua salvação e sustenta-me com um espírito voluntário". Nunca antes ela tivera tantos pensamentos sombrios ameaçando-a a se afogar num mar de descrença.

Diferente de mim, Lisa nunca antes questionara a Deus ou seus propósitos. Embora nós dois tivéssemos sido criados em ambientes cristãos semelhantes, tratávamos os problemas de maneira diferente. Às vezes ela ficava confusa pelo modo prático, sem rodeios, em que eu expressava minhas opiniões a Deus, choramingando diante de Deus pela mínima desilusão.

Mas agora as mesas estavam viradas. Lisa estava em profunda depressão, em parte causada por substâncias químicas, mas nem por isso menos real. Enquanto eu expressava verbalmente minhas queixas a Deus, Lisa ficava calada, sozinha, e muito zangada. Parecia que Deus estava distante milhões de quilômetros – ou então, talvez estivesse *perto demais*. Parecia que ele a colocava ativamente em provações, fazendo com que ela questionasse a sua bondade. Se ela deixasse sua experiência dar a última palavra, ela teria perdido todas as esperanças.

Mas Deus sustentou a sua fé, mesmo quando ela não conseguia persistir. Não havia nenhum ponto de virada, nem um dia ou uma semana específica, que marcasse uma transição do desespero para a esperança. Na verdade, como sabemos, mediante as Escrituras, que somos simultaneamente pecadores e justificados, duvidosos e crentes, as duas realidades estavam presentes todo o tempo. Lisa percebeu que não podia pregar a Palavra para si mesma; precisava de um arauto enviado por Deus para proclamar externamente algo totalmente diferente do que ela sentia internamente. Em tempo de crise, a coisa mais importante que podemos fazer é ir à igreja. Este é o principal lugar onde o arauto de Deus anuncia externamente a Palavra que contradiz os nossos juízos internos. Indo contra a maré de nossos pensamentos e experiências interiores, esse anúncio nos sobrevém como rio impetuoso que desce as montanhas do Himalaia: "Você foi perdoado. Vá em paz". É também onde Cristo nos entrega a si mesmo novamente, selando a sua fidelidade à nossa salvação em sua Ceia, unindo-nos na comunhão dos santos, na invocação de sua poderosa presença, confissão, oração e louvor. Aqui tomamos nosso lugar, apesar das apreensões, dúvidas, temores e tentações, não com os orgulhosos ou zombadores, mas com peregrinos como nós.

Aos poucos, mediante uma combinação de fatores (o fim dos hormônios em guerra após o parto, como também a maravilha das verdades simples que foram renovadas através da provação), ela mais uma vez levantou os olhos ao céu em gratidão. Com provações adicionais que vieram com os desafios de trigêmeos nascidos prematuramente, além de já ter um garotinho de dois anos de idade, ela aprendeu, como eu, a humilhação e o tesouro de depender de Deus, bem como daquelas maravilhosas "máscaras" que Deus usa ao vir até nós por meio de vizinhos, amigos e a comunhão dos santos.

Assim como não conseguimos separar corpo e alma, não podemos desembaraçar os fios emaranhados de depressão e dor física e espiritual. Ambos são igualmente reais, e alimentam um ao outro. É por isso que a aflição física intensa é muitas vezes acompanhada de dúvidas espirituais, e vice-versa.

No cerne de tudo está a questão da presença de Deus. Onde está Deus quando mais precisamos dele? Tem alguém ali em cima? Ao ler as circunstâncias de nossas próprias vidas, bem como os jornais do dia, indagamos e questionamos. Se não o fizéssemos nem estaríamos vivos.

Em certo sentido, Deus *não* está aí – ou seja, ele não está disponível ante as nossas experiências. Muito antes dos teólogos medievais especularem sobre o *Deus absconditus* (o Deus escondido) – quanto menos os teólogos radicais de épocas recentes que anunciaram a alegada "morte de Deus"—o profeta Isaías declarou: "Verdadeiramente tu és o Deus que te ocultas, o Deus de Israel, o Salvador" (Isaías 45.15, Almeida Corrigida e Fiel). A experiência dos israelitas no exílio os deixou indagando se Deus havia virado o rosto, deixando-os desolados, sem sua presença. As crises da época moderna têm mostrado ao século vinte que este não tinha uma teologia para lidar com seu jogo macabro. O otimismo da teologia liberal apenas exaltava uma providência benevolente que sempre abençoava, jamais julgava – o tipo de "providência" que dá um empurrãozinho de vez em quando ao progresso da humanidade. Quer seja resultado de especulação filosófica quer de experiência pessoal (ou, mais provável, ambos), em nossa presente era a presença de Deus não é mais tomada como certa.

Até mesmo antes do Holocausto, a era "esclarecida" anteviu o desespero que não mais surpreende nem desanima, mas simplesmente existe, como uma ferida aberta com a qual temos de aprender a conviver, sem nenhuma expectativa de cura. Em *Nascimento de uma tragédia*, Friedrich Nietzsche nos apresentou ao mito clássico dos deuses Apolo e Dionísio. Apolo era um deus de luz, ordem, saúde. Dionísio deus de trevas, nuvens e loucura. Enquanto o primeiro era o deus do céu, o segundo era deus da natureza. Enquanto Apolo era comportado e esperava que todo mundo se comportasse, Dionísio era a divindade obscena e dissoluta que vivia bêbado e se dedicava à música e à festança.

Identificando-se com Dionísio em vez de Apolo, Nietzsche e seus discípulos aguardavam o dia quando chegaria um super-homem, um herói dionisiano cuja vontade de poder conquistaria o mundo. Essa pessoa estaria em forte contraste ao Deus da Bíblia, que, sendo remanescente da mitologia judaica "inferior", supostamente nos ensinou a ser fracos e aceitar nosso destino neste mundo. "O Deus da cruz é maldição à vida, um sinaleiro para se buscar redenção da vida", porém, "Dionísio cortado em pedaços é uma promessa de vida; renascerá eternamente, e voltará de novo da destruição".[1] Nos escritos de Nietzsche, foi o louco que, inicialmente tendo buscado Deus, eventualmente anunciou a sua morte:

> "Onde está Deus?" ele gritou. "Eu te direi. Nós o matamos, tu e eu. Todos nós somos seus assassinos. Mas como conseguimos isso? Como poderíamos beber o mar? Quem nos deu uma esponja para limpar todo o horizonte? O que estávamos fazendo quando soltamos as correntes que prendiam a terra ao seu sol? Para onde vai agora? Para onde vamos nós? Para longe de todos os sóis? Não estamos continuamente em queda livre? Para trás, para o lado, à frente – em todas as direções? Ainda existe algum para cima ou para baixo? Não estamos nós nos desviando como que por um nada infinito? Não sentimos nós o hálito do espaço vazio? Não está ficando mais frio?

---

1 Friedrich Nietzsche, *The Will to Power*, ed. Walter Kaufmann (New York: Vintage, 1967), p. 542.

A noite não estaria se fechando continuamente a nosso redor? Não precisamos nós acender as lanternas pela manhã?[2]

A "morte de Deus" deixa o mundo mais frio, menos hospitaleiro, no entanto, ainda uma vasta expansão aberta a ser conquistada pelos super-homens. Pelo menos Nietzsche teve caráter suficiente para dar um passo além do deísmo insípido e pedestre para o vácuo escuro.

Assim, não é de se admirar que Ludwig Feuerbach (1804-72) tivesse anunciado que "a religião é um sonho da mente humana", sendo Deus nada mais que uma projeção da humanidade.[3] Para ele, cada uma das doutrinas do cristianismo era um obstáculo para a realização do poderoso e glorioso destino da humanidade. "A teoria cristã da justificação pela fé", escreveu ele, "está arraigada numa renúncia covarde do esforço moral", e a crença na vida após a morte "é mecanismo de fuga". Antecipando Marx, Feuerbach concluiu que a religião era como uma droga que mantinha as pessoas anestesiadas da realidade.

Mas foi Nietzsche (1844-1900) que sentiu o fardo de levar à humanidade a nova do falecimento de Deus. Logo depois dele, Sigmund Freud (1856-1939) virou essa crítica em uma teoria pseudo-científica, insistindo ser o cristianismo nada mais que uma ilusão, um mecanismo de defesa em face dos traumas da vida. Combinado ao pragmatismo de William James, a religião – especialmente nos Estados Unidos – tornou-se agora uma forma de terapia, uma revelação daquilo que precisamos (ou achamos que necessitamos) ao invés de uma revelação vinda de Deus e por nossa real necessidade dele.

Você vê, muito antes das tragédias de nosso tempo, a era moderna se preparava para uma vida sem Deus. Não fomos os primeiros a indagar:

---

2 Friedrich Nietzsche, *The Gay Science*, trans. Walter Kaufmann (New York: Vintage, 1974), p.125.
3 Ludwig Feuerbach, *The Essence of Christianity*, ed. E. Graham Waring and F. W. Strothmann (New York: Ungar, 1957), p. 47.

"Tem alguém lá em cima?" A questão da presença de Deus, de sua proximidade, é especialmente aguda quando estamos em dificuldades.

NÃO ESCONDE DE NÓS TUA FACE, Ó SENHOR!

Quando Moisés pediu para ver a face de Deus, ele respondeu: "Não me poderás ver a face, porquanto homem nenhum verá a minha face e viverá" (Êxodo 33.20). Na verdade, quando o povo de Israel estava chegando ao Monte Sinai para receber a lei, Deus mandou Moisés estabelecer limites ao redor da montanha, e disse: "adverte ao povo que não traspasse o limite até ao Senhor para vê-lo, a fim de muitos deles não perecerem" (Êxodo 19.21). Eles estavam tão aterrorizados pela palavra de Deus, com os raios, trovões e fumaça, que imploraram que Deus não falasse mais (ver 19.16-25; 20.18-21). Em vez disso, algumas semanas mais tarde eles resolveram fazer um bezerro de ouro, uma versão de Deus mais "amigável e aproximável", que eles pudessem criar e, portanto, controlar (ver Êxodo 32). A essência da idolatria está no medo de tratar com o Deus verdadeiro, cuja santidade nos enche de temor por nosso próprio pecado.

Assim sendo, através da história bíblica (e da história geral), existe uma fuga do EU SOU, o Deus de poder e glória. Nossa consciência testifica da existência deste Deus, mas em nossa maldade, procuramos suprimir tal consciência. Criamos um abismo. Pleiteamos ignorância (cepticismo), ou então substituímos por projeções da nossa própria imaginação ou necessidades sentidas (idolatria). Construímos projeções adequadas de deuses que não nos ameaçam, deuses que estejam longe demais para nos prejudicar, ou, se forem amigáveis ou úteis, deuses de bem perto, que não nos julgam. Na verdade, esses são projeções de nós mesmos (ver Romanos 1 e 2). Nesse ponto, Feuerbach, Marx, Nietzsche e Freud estiveram mais afiados que grande número de teólogos modernos. A religião *é* na verdade uma projeção de nossas próprias necessidades sentidas, folhas da figueira de nossa vida interior para acobertar nossa culpa, bezerro de ouro da nossa imaginação para nos esconder do Deus da glória que pode nos cegar. Porém, religião não é revelação. A religião expressa as *nossas* necessidades e desejos – a revelação comunica a vontade *de Deus*.

Depois da desobediência de Israel no Sinai, a presença de Deus continuava sendo um problema. Parece estranho, não é mesmo? Em geral, pensamos que o problema verdadeiro quanto à crença em Deus seja o *ateísmo* – ou seja, a ausência de Deus. Mas o encontro real dos israelitas com o Deus da revelação demonstra que há, também, um problema levantado quanto à sua existência, mais especificamente, quanto à sua *presença*. Se Deus permanece presente entre seu povo pecador, será muito provável que sua ira exploda sobre eles. Sim, mas então o mundo dirá que Deus conduziu Israel para fora do Egito para então deixá-los morrer no deserto, Moisés argumentou em Êxodo 34. Assim, Deus mantém sua presença, mas "fora do acampamento", em uma tenda armada onde a sua glória é escondida por trás de espessa cortina.

A religião, especialmente em seu estilo otimista, presume que tudo está bem entre Deus e nós (era essa a presunção de Israel até que Deus realmente tivesse falado). Somos basicamente gente boa, e Deus somente é capaz de amar. Temos Deus a nosso lado! Mas a revelação perturba esse quadro. A presença de Deus é um perigo, como é uma bênção. Tem de haver distância.

Com o tempo, depois que Deus conduziu seu povo à terra prometida, Salomão construiu um majestoso templo, e a nuvem de glória encheu esse santuário terreno com a presença de Deus. Uma vez por ano, o sumo sacerdote entrava com o sangue sacrificial, salpicando-o sobre o trono de misericórdia, colocando as mãos sobre a cabeça de um bode expiatório, transferindo a culpa de Israel para o animal e mandando o mesmo para o deserto. Mas, à medida que os pecados de Israel aumentavam e ele se desviava de Javé para os deuses das nações, a nuvem de glória deixou o templo, como havia deixado o Éden, e mais uma vez o santuário de Deus voltou para o céu. Ele escondeu sua face de Israel, que logo estaria sendo levado ao cativeiro.

Foi nesse ambiente que cresceu o profeta Isaías. Embora Deus tivesse escondido de Jacó a sua face, Isaías e o remanescente esperariam nele (veja Isaías 8.17): "num ímpeto de indignação, escondi de ti a minha face por um momento; mas com misericórdia eterna me compadeço de ti, diz o Senhor, o teu redentor" (Is 54.8). A proximidade e a distância de Deus eram reveladas metaforicamente em termos espaciais (noutras palavras: perto/longe; em cima/em baixo), mas o ponto é a distinção qualitativa entre criador e criatura: "Porque os meus pensamentos não são os vossos pensamentos, nem os vossos caminhos, os meus caminhos, diz o Senhor, porque, assim como os céus são mais altos do que a terra, assim são os meus caminhos mais altos do que os vossos caminhos, e os meus pensamentos, mais altos do que os vossos pensamentos" (Isaías 55.8-9).

Os israelitas precisavam aprender que seu "Deus escondido" não podia ser visto, porque "ninguém poderá ver-me e viver". Se mesmo pecadores eles seriam salvos, teriam de aprender a receber Deus conforme ele se revelou em sua Palavra. Abandonando as falsas religiões, Israel teria de ignorar suas próprias vãs imaginações, especulações e experiências como base para sua fé e prática, confiando apenas na promessa do evangelho e seguindo os preceitos da lei de Deus. Assim, mesmo no exílio, longe do templo e da terra prometida, o remanescente gozava a misericordiosa presença de Deus em medida muito maior do que a geração adúltera havia conhecido em Israel.

MAS POR QUE DEUS SE ESCONDE?

Deus está em todo lugar, não é mesmo? Não acreditamos em sua onipresença? Com certeza Deus é Espírito, e o cosmo não pode contê-lo (2Crônicas 2.6). Mas isso nos ajuda onde nos encontramos agora mesmo? Isso é como tentar provar a existência de Deus. E daí se conseguimos demonstrar meramente a presença de Deus? E daí se "ouvimo-lo passar no roçar da relva" e "ele nos fala em todo lugar", como diz um hino? A pergunta real é: o que ele está *dizendo*? Temos experimentado sua presença como conquistador que se aproxima ou como libertador? Escutamo-lo confirmando o julgamento de nossa consciência contra nós ou como redentor e justificador dos ímpios? Onde está Deus *por* nós, do *nosso lado*? A presença de Deus é no mínimo, algo ambíguo; no máximo, aterrorizante, quando à parte do evangelho.

Até mesmo Nietzsche entendeu esse ponto: É irrelevante que um deus apenas "exista" e seja onipresente, transcendência incompreensível. Mesmo que um "âmbito celestial" realmente exista, "é certo que apenas o conhecimento disso seria o mais inútil dos conhecimentos".[4] E daí se existe esse "outro mundo" habitado por Deus. Mesmo se sua presença encher a terra, como isso pode ter significado para nós, em nossa própria experiência? O feio fosso torna-se um grande cânion.

Mas para Israel, não era simplesmente o problema filosófico da transcendência (distância) e imanência (proximidade) de Deus, mas sobre o fosso ético que é realmente feio. A mera presença ou existência de Deus em si só não é boa nova para nós em nosso pecado. Se fôssemos inerentemente justos, em todos os caminhos fiéis à vontade santa de Deus, o anúncio da onipresença de Deus seria uma boa notícia. Mas Adão e Eva não o enxergaram desse modo. Depois de terem pecado, fugiram da presença de Deus, da presença localizada em que antes tinham prazer. O santíssimo lugar era todo o jardim, sem cortina a separar o casal real de seu criador. Semelhantemente, quando os israelitas ouviram Deus falar sua lei em majestosa santidade no monte Sinai, embora de início estivessem curiosos para obter um vislumbre do olho da tempestade (Deus em sua majestosa glória), imploraram a Deus que se silenciasse.

---

4 Friedrich Nietzsche, *Human, All Too Human*, trans. R. J. Hollingdale (Cambridge: Cambridge Univ. Press, 1990), p. 9.

Notícias sobre a majestade, o poder, a glória, a santidade e a justiça de Deus só consolam os que não têm culpa. Por isso, *em sua misericórdia*, Deus nega o pedido de Moisés de ver a majestade divina, mas condescende em permitir que seja visto "pelas costas", ou seja, sua bondade e misericórdia, pregando-lhes um sermão: "Farei passar toda a minha bondade diante de ti e te proclamarei o nome do Senhor; terei misericórdia de quem eu tiver misericórdia e me compadecerei de quem eu me compadecer".

Como Adão e Eva foram redimidos somente depois que Deus, o único *que realmente busca*, chegou até eles e proclamou o evangelho, arrancando deles as folhas de figueira e vestindo-lhes de peles de sacrifício, assim também os israelitas só foram acalmados e consolados pela presença santa quando souberam que o sumo sacerdote intercedia em seu lugar, sendo o sangue aspergido sobre o trono de propiciação. Veremos em nossa discussão da vida de Jó, como a presença de Deus pode ser um peso – uma ameaça. Os que reconhecem a Deus como reto, santo, justo, e bom, glorioso em poder e força, e eles nada tendo disso, podem facilmente (e corretamente!) correlacionar a presença de Deus ao juízo e a punição.

À parte da bondade de Deus, que nos foi anunciada de forma suprema no evangelho, só podemos responder à presença de Deus com medo – isto é, se não tivermos, em nossa injustiça, suprimido suficientemente a verdade.

Os teólogos de glória, dizia Martinho Lutero, enxergam Deus em todo lugar e em todas as coisas. Deus aparece em tudo e é sempre uma ocasião alegre. Mas já não confirmamos a onipresença de Deus – de que ele está em todos os lugares? Sim, mas isso não é o que Lutero e os outros reformadores estavam criticando. O que Lutero e João Calvino criticavam era isto: Para os que buscam um encontro direto, não mediado, com o Deus da glória, basta que "os céus declaram a glória de Deus" (Salmo 19.1). Para tal teologia, não é necessária uma revelação especial de Deus no evangelho, porque, conforme Paulo diz nos primeiros capítulos de Romanos, até mesmo os pagãos sabem que Deus existe, simplesmente pela demonstração da natureza. Pensam apenas que podem contemplar a majestade de Deus sem medo porque não conhecem bem a si mesmos. Porém, para aqueles que se conhecem como pecadores incapazes – culpados e sob justa sentença divina – isso oferece pouco conforto.

Calvino destaca este ponto no início de suas Institutas.[5] Todas as noites estreladas, as brisas de verão, as sinfonias comoventes, as demonstrações dramáticas, os testemunhos visíveis da glória de Deus – brilham "como lâmpadas incandescentes" – apenas confirmando o veredicto de nossa consciência contra nós. Uma deslumbrante sinfonia ou um crepúsculo comovente nos enche de maravilha e espanto quanto à grandeza do universo – acima os céus estrelados e por dentro a lei moral, como expressou o filósofo Emanuel Kant quanto às duas verdades mais inegáveis. Contudo, nada disso responde a pergunta: onde está Deus *para mim, para nós,* dada a confusão em que nos encontramos neste exato momento? Não existe conforto em saber que Deus está abstratamente "em todo lugar", a não ser que eu saiba que ele está *perto para o meu bem,* e não para executar uma sentença que minha consciência sabe ser justa. Até que isso seja resolvido, nenhum conhecimento geral de Deus a partir de suas obras visíveis vai me levar a algum lugar senão ao desespero.

A glória de Deus testifica de sua existência e perfeição, mas não testifica o interesse que Deus tem em me salvar. Ela não pode *me reconciliar* com Deus. Não anuncia a justificação dos ímpios, e sim somente a majestade de Deus e nossa própria pequenez diante das suas obras (veja o Salmo 8). Para uma revelação da *vontade salvadora* de Deus, é preciso mais do que o âmbito visível da natureza. Preciso de uma promessa – não apenas uma promessa geral, mas uma promessa particular, dirigida a mim: "Perdoei os

---

[5] João Calvino, *Institutas da Religião Cristã*, trad. Waldyr Carvalho Luz. (São Paulo: Casa Editora Presbiteriana, 1985).

seus pecados. Agora, venha a mim. Não tenha medo". Sem tal promessa, estar na presença de Deus é um empreendimento perigoso.

Embora o salmista medite nas obras de Deus na criação e redenção, ele confessa: "Pelo mar foi o teu caminho; as tuas veredas, pelas grandes águas; e não se descobrem os teus vestígios" (Salmo 77.19). Isto é essencial para nosso tempo, porque somos propensos a interpretar (ou tentar interpretar) os passos de Deus em sua providência. Os místicos e os racionalistas deleitam-se nesse abismo. Em vez de considerar isso como a qualidade de Deus de se esconder, em que Deus advertiu os israelitas a não contemplar, investem grande energia e entusiasmo em sondar, em especular, opinar, imaginar e fazer experimentos. Porém, o Deus que encontram do outro lado é o fogo consumidor. Em um momento estamos perdidos na grandeza e pura força das ondas do oceano – no próximo, estamos perdidos em seu pavor quando rompem seus limites, causando destruição e assolação.

Deus esconde aqueles que nele confiam à sombra de suas asas (Salmo 17.8), mas também esconde sua face dos seus inimigos (Salmo 10.11). Depois do seu grande pecado, o salmista implora a Deus que não esconda dele a sua face (Salmo 51.11). Deus é um esconderijo (Salmo 32.7), no entanto, quando ele vier em sua ira, os habitantes da terra clamarão para que as pedras caiam sobre eles para não serem consumidos por sua gloriosa presença (Apocalipse 6.16). Assim, Deus é esconderijo, como também é lugar de onde nós nos escondemos. Deus é tanto nosso maior problema quanto nossa solução. A sua presença é a pior das notícias, e é a melhor das notícias; a mais temida ameaça, e o consolo mais animador. De Gênesis até o Apocalipse, existe essa luta, esse desajeitamento, que vai da alegria indizível ao terror avassalador, quando se fala da presença ou da face de Deus.

Isso está bem longe da trivialidade moderna em que hoje este assunto é tratado. Assumimos que Deus esteja próximo, e que isso necessariamente é uma boa nova e que não precisamos ouvir mais nada. Ou então, quando somos atormentados pelas circunstâncias da vida, presumimos que Deus esteja bem longe, quando na verdade, como a própria cruz demonstrou e Paulo atestou no seu sofrimento, é exatamente ali e então quando Deus está mais presente. É o paradoxo. A nossa experiência simplesmente está errada. As coisas não são como elas parecem ser. Deus está mais intimamente envolvido em nossa vida, muitas vezes quando parece que menos o experimentamos. Tais contradições da nossa experiência comum são abundantes até mesmo nas ciências naturais. Era perfeitamente compreensível que algum tempo atrás as pessoas achassem que a terra era achatada, que o sol e a lua eram aproximadamente do mesmo tamanho, e que a terra era o centro do universo. Afinal de contas, isso combina com a experiência mais universal de gente comum. Porém, hoje sabemos melhor, porque uma análise mais completa e sofisticada contrariou essas ideias comumente aceitas. Quanto mais provável é, portanto, que nossa experiência ordinária quanto a Deus e os seus caminhos, poderá ser desafiada pela própria revelação de Deus!

Assim, sem o evangelho, a presença de Deus é ambígua. Como saber se não ouviremos a mesma palavra dita por meio do profeta Amós?

> *Ai de vós que desejais o Dia do Senhor!*
> *Para que desejais vós o Dia do Senhor?*
> *É dia de trevas e não de luz.*
> *Como se um homem fugisse de diante do leão,*
> *e se encontrasse com ele o urso;*
> *ou como se, entrando em casa, encostando a mão à parede,*
> *fosse mordido de uma cobra.*
> *Não será, pois, o Dia do Senhor de trevas e não luz?*
> *Não será de completa escuridão, sem nenhuma claridade?*
>
> *Amós 5.18-20*

O que faz com que pensemos que o aparecimento de Deus será boas novas para nós? Pelo menos Nietzsche conhecia a si mesmo melhor que hoje em dia a maioria de nós se conhece. Ele sabia que alguém teria de sumir – ou Deus ou ele. Ele não queria admitir a terceira possibilidade: que Deus estava presente *para salvar*. Não admitia que ele, um super-homem, tivesse necessidade de salvação, e assim, só podia concluir que a presença de Deus significava a sua própria morte. Nietzsche admitiu que essa era a causa de sua loucura, como de fato, morreu insano, mas não havia nenhum outro lugar para se esconder.

AS COISAS SECRETAS PERTENCEM AO SENHOR

Diz o Pregador: "Não te precipites com a tua boca, nem o teu coração se apresse a pronunciar palavra alguma diante de Deus; porque Deus está nos céus, e tu, na terra; portanto, sejam poucas as tuas palavras" (Eclesiastes 5.2). Algumas almas ousadas que se esquecem disso tentam entrar à força nos portais do céu para vasculhar as câmaras secretas de Deus. "Deus mandou que eu me mudasse para o Kansas", anunciam então. "Deus me deu uma revelação para você". "Deus vai curar o seu filho". É contra essa espécie de coisa que Deus mandou que Jeremias advertisse a Israel. Em essência, a acusação contra os "falsos profetas" é que eles usam a Deus, em vez de se confinar à sua palavra:

> *Não mandei esses profetas; todavia, eles foram correndo;*
> *não lhes falei a eles; contudo, profetizaram...*
> *Acaso, sou Deus apenas de perto, diz o Senhor, e não também de longe?...*
> *Eis que eu sou contra esses profetas, diz o Senhor,*
> *que pregam a sua própria palavra e afirmam: Ele disse.*
> *Eis que eu sou contra os que profetizam sonhos mentirosos,*
> *diz o SENHOR, e os contam, e com as suas mentiras e leviandades*
> *fazem errar o meu povo; pois eu não os enviei,*

*nem lhes dei ordem; e também proveito nenhum
trouxeram a este povo, diz o Senhor.*

Jeremias 23.21, 23,31-32

Mesmo quando falamos a respeito da graciosa eleição de Deus, nossa curiosidade natural nos leva a inquirir além da página sagrada. Depois de falar sobre predestinação, o apóstolo Paulo exclamou em louvores em vez de especulações:

*Ó profundidade da riqueza, tanto da sabedoria
como do conhecimento de Deus!
Quão insondáveis são os seus juízos e quão inescrutáveis, os seus caminhos!
Quem, pois, conheceu a mente do Senhor?
Ou quem foi o seu conselheiro?
Ou quem primeiro deu a ele para que lhe venha a ser restituído?
Porque dele, e por meio dele, e para ele são todas as coisas.
A ele, pois, a glória eternamente. Amém!*

Romanos 11.33-36

João Calvino disse que "a curiosidade humana faz com que a discussão da predestinação, já difícil em si mesma, seja confusa e até mesmo perigosa. Nenhuma restrição pode impedir que ela vagueie por caminhos proibidos e tente empurrar para cima, às alturas. Se for permitido, não deixará para Deus segredo que não procure desvendar e elucidar".[6] Por essa razão é que Calvino insistia que, em vez de procurar a predestinação secreta de Deus, devíamos contemplar a Cristo, em quem fomos escolhidos e em quem Deus é revelado como nosso Salvador.

Não sabemos o que Deus, em sua profunda e misteriosa condição de *abscondido*, tem escolhido fazer, e só podemos saber aquilo que Deus condes-

---

6 Calvino, *Institutas da Religião Cristã*, 3.21.1.

cendeu em nos revelar quando ele põe um manto de humildade e fraqueza sobre sua luz inacessível. Não podemos subir até Deus; mas ele desceu a nós. Este é o evangelho numa casca de noz, e ele nos sustém no sofrimento. Quando não conseguimos subir o primeiro degrau, quando a chama da fé mal consegue bruxulear, nosso Salvador desce para nos carregar pelo vale da sombra da morte.

É Deus que toma a iniciativa de revelar a si mesmo. Ele o faz na criação, mas nessa revelação natural ele ainda está escondido. Podemos conhecê-lo como poder, majestade, governador, sábio criador, providência e juiz, mas que bem tal conhecimento faz, se estamos presos por nosso pecado pessoal e coletivo, vivendo deste lado do Éden? Quando enfrentamos grandes provações e tentações, nossa consciência (como também nossa experiência) nos acusa, mas a palavra do evangelho aproxima Deus de nós tanto quanto o som da voz do pregador (Romanos 10.8).

A COLHEITA PASSOU, O VERÃO TERMINOU, E NÓS NÃO FOMOS SALVOS!

Na plenitude dos tempos, "o Verbo se fez carne e habitou [literalmente, armou sua tenda] entre nós, cheio de graça e de verdade, e vimos a sua glória, glória como do unigênito do Pai" (João 1.14). Na encarnação, esse mesmo verbo que falou da montanha inaproximável de tempestade e fumaça tornou-se um homem em particular na história judaica. Em vez de vir em poder, glória, juízo e cegadora luz, ele veio em fraqueza, humilhação e sofrimento. Em Jesus Cristo, o Deus-homem, o verdadeiro templo é reconstruído após a sua destruição. É o seu corpo rasgado de cima a baixo, como o véu do templo de Herodes, que nos dá acesso mediante seu sangue ao santo dos santos. Sumo sacerdote como também a vítima, é *ele* a presença de Deus em misericórdia para conosco, em vez de juízo e destruição.

Mas ainda podemos dizer, em nosso exílio, com Israel: "Passou a sega, findou o verão, e nós não estamos salvos" (Jeremias 8.20). Mesmo após a cruz e ressurreição, estamos aguardando a consumação do reino de Deus. Pedro escreve:

> *Amados, esta é, agora, a segunda epístola que vos escrevo... para que vos recordeis das palavras que, anteriormente, foram ditas pelos santos profetas, bem como do mandamento do Senhor e Salvador, ensinado pelos vossos apóstolos, tendo em conta, antes de tudo, que, nos últimos dias, virão escarnecedores com os seus escárnios, andando segundo as próprias paixões e dizendo: Onde está a promessa da sua vinda? Porque, desde que os pais dormiram, todas as coisas permanecem como desde o princípio da criação... Não retarda o Senhor a sua promessa, como alguns a julgam demorada; pelo contrário, ele é longânimo para convosco, não querendo que nenhum pereça, senão que todos cheguem ao arrependimento.*
>
> 2Pedro 3.1-4, 9

Em tempos de crise, não ajudamos aos outros nem a nós mesmos se deixamos de reconhecer que existe mais na salvação do que apenas aquilo que já experimentamos. O nosso destino está seguro, mas isso não nos torna imunes às tragédias que marcam nossa peregrinação.

Até mesmo a aparente ausência de Deus nesse tempo intermediário é completamente oposta ao que parece ser para o mundo – ou para nossa experiência não batizada, catequizada pelo mundo para entender que as tragédias não têm origem clara (exceto talvez nos erros políticos) e, portanto, não possuem esperança de ser parte de um plano mestre. Enfrentando injustiça, avidez, pobreza, crueldade, sofrimento e notícias implacáveis de crises, nossa era pensa que Deus, se tal ser existe, tirou longas férias e está longe. Temos de admitir que na superfície parece que este é o caso. Raramente ouvimos falar sobre um massacre em um vilarejo remoto ou um terremoto devastador e uma semana depois concluímos: "Ah! Agora entendemos por que Deus permitiu que isso acontecesse". Quase nunca faz sentido – e isso está bem, porque nós não somos Deus. Não precisamos acrescentar ao insulto da tragédia a injuria de esperar que as pessoas discirnam nela algo que a torne mais racional ou aceitável. Sem o anúncio do evangelho na revelação especial – sem ler a natureza e a história à luz de Cristo – a revelação natural, que inclui a experiência humana, não concluiria *que existe* um Deus gracioso.

Na verdade, se Deus quisesse provar imediatamente aos zombadores que eles estão errados, eles não teriam ocasião para se arrependerem. É por sua paciência, diz Pedro, que Deus demora para exercer sua justiça. Sempre que indagamos por que Deus não age no mundo para dar fim a essa ou àquela injustiça, temos de nos perguntar se já agradecemos a Deus por ele *ainda não* ter exercido a justiça que fará todas as coisas se acertarem e desfará o mal a que nós contribuímos de nosso próprio jeito. Somos gratos porque ele suporta com paciência o mal e o sofrimento, por amor de pessoas como nós, que de outra forma estariam recebendo sua rápida e certeira justiça? Agora que estamos seguros na arca, estamos tão ansiosos por ver as portas fechadas contra nossos entes queridos e amigos? A renovação de todas as coisas e o final de toda dor serão precedidos pelo juízo final. Conquanto realmente aguardemos essa era que virá, nos alegramos também na paciência de Deus, por esse período intermediário quando, em sua graça, Deus atrai os pecadores para si.

Uma implicação importante desta verdade é que embora essa revelação da razão pela qual Deus continua permitindo que esta época de maldade continue é que não apenas conseguimos manter a esperança de que o mal será erradicado, como também somos possibilitados a participar da reconciliação divina até mesmo daqueles que, como nós, *perpetram* o sofrimento. Em Cristo, há um lugar para os instigadores, como também as vítimas, serem salvos. Até mesmo os zombadores que tiram proveito dessa demora na justiça para continuar sua opressão, violência e injustiça, poderão ser levados ao arrependimento mediante a proclamação da palavra de Deus.

E podem ser preparados para essa Palavra mediante o Espírito de Deus na comunidade imperfeita que Cristo está formando para refletir seus próprios propósitos de reconciliação. Pensamos em John M. Perkins, um pastor afro-americano que luta por justiça social, e o ex-membro da Ku Klux Klan, Tommy Tarants, coautores do livro *He's my brother* [1994 – Ele é meu irmão] sobre o poder do evangelho de fazer valer a reconciliação racial. Na igreja da qual sou membro, composta em sua maioria por imigrantes descendentes de holandeses do pós guerra e seus filhos, existem histórias notáveis sobre judeus que vieram à fé no Messias enquanto estavam escondidos nos lares de cristãos bastante comuns, que arriscaram suas vidas para salvá-los. Mais evocativo ainda da graciosa presença de Deus em adiar a justiça, algumas dessas histórias incluem a conversão de soldados, como também oficiais nazistas.

A demora do juízo final e, portanto, também do descanso final que livra da guerra, doença, violência, injustiça e dor não é apenas tocar música agradável de fundo enquanto estamos aguardando na fila. É uma demora *produtiva* que é em si mesma o espaço onde Deus está realizando os seus propósitos redentivos. Sendo assim, não devemos ver aqueles que perpetram o mal como os condenados, mas como os que podem chegar ao arrependimento, como ocorreu conosco. Embora exista uma justiça terrena a que os malfeitores terão de prestar contas, não é nosso papel executar a justiça final de Deus, como aprenderam do modo mais difícil os "filhos do trovão", quando Jesus os repreendeu (Lucas 9.51-56). Tiago e João queriam chegar ao poder e glória para julgar, enquanto Jesus veio em essa missão em fraqueza e graça.

Jamais nos esqueçamos de que, quando o mundo viu o Filho de Deus em seu momento de maior fraqueza – o Pai escondendo o rosto do Filho humilhado e carregado de pecado – Deus estava realizando sua maior obra de redenção, ante a qual, em comparação, o êxodo empalidece. Assim, mesmo agora, quando o mundo só consegue ver a ausência de Deus, pela fé, nós enxergamos a sua presença salvadora. Jesus disse a Paulo: "A minha graça te basta, pois meu poder se aperfeiçoa na fraqueza" (2Coríntios 12.9). Pedro nos diz que enquanto o mundo observa apenas mais uma oportunidade de zombar pela aparente ausência de Deus, a igreja enxerga isso como a amável proximidade de Deus.

Em sua descrença, o mundo não deve almejar a presença e justiça de Deus, pois quando ele voltar segunda vez, será em glória e juízo. No momento, a igreja vê escondida a presença de Deus, sob forma de ausência; levando, pela pregação da cruz, os perdidos a uma visão salvadora daquele que foi crucificado: "Porque tanto os judeus pedem sinais, como os gregos buscam sabedoria; mas nós pregamos a Cristo crucificado, escândalo para os judeus, loucura para os gentios" (1Coríntios 1.22-23). Quando parece que Deus tirou longas férias do mundo, ele tem estado e ainda está construindo seu reino, obra poderosa contra a qual as portas do inferno não prevalecerão. Por trás dos bastidores, ele está reconciliando os ímpios consigo mesmo e uns com os outros.

Assim, o convencimento de Feuerbach de que "para a religião enriquecer a Deus tem de empobrecer o homem; para que Deus seja tudo, o homem terá de ser nada",[7] é virada de ponta-cabeça: "Pois conheceis a graça de nosso Senhor Jesus Cristo, que, sendo rico, se fez pobre por amor de vós, para que, pela sua pobreza, vos tornásseis ricos" (2Coríntios 8.9).

Não será essa história do triunfo de Deus em meio à tragédia, poder na fraqueza, sabedoria pela loucura, suficiente para nos consolar quando nossa consciência, coração e mente nos condenarem? Se a presença de Deus em misericórdia salvadora é tão poderosa na fraqueza da cruz, tão ativa no próprio momento que mais parece não haver ninguém ali em cima, com certeza podemos confiar que Deus está presente em nossa vida quando tudo dentro de nós procura convencer-nos que ele está menos presente: quando estamos sofrendo, quando somos injustiçados, quando falhamos de modo miserável para com Deus, quando estamos cansados e sozinhos no mundo. Como seus antepassados gregos, os filósofos desta era podem

---

[7] Ludwig Feuerbach, *The Essence of Christianity*, ed. E. Graham Waring and F. W. Strothmann (New York: Ungar, 1957), p.16.

achar que esta mensagem seja "loucura", muleta para os fracos, "ópio do povo". Porém, para os que são chamados, tanto judeus quanto gentios, Cristo é poder e sabedoria de Deus. "Porque a loucura de Deus é mais sábia do que os homens; e a fraqueza de Deus é mais forte do que os homens" (1Coríntios 1.25), aqueles que procuram se agarrar à sua vida a perderão, enquanto os que entregam a vida a encontrarão.

Finalmente, "a vasta e horripilante vala" é atravessada, não por nós, mas pelo próprio Deus. Deus fez uma ponte até nós na pessoa e obra do Deus-homem. Embora nós não tenhamos condições de atravessar por um salto, nem tirar Deus do céu para nos encontrar pela nossa força racional, moral ou emocional, Deus veio a nós. Ele não somente se tornou humano, sofreu em nosso lugar e ressuscitou como pagamento inicial sobre nossa própria ressurreição: ele agora vem a nós no ministério da Palavra e do Sacramento. Paulo escreve:

> *Mas a justiça decorrente da fé assim diz:*
> *Não perguntes em teu coração: Quem subirá ao céu?,*
> *isto é, para trazer do alto a Cristo;*
> *ou: Quem descerá ao abismo?,*
> *isto é, para levantar Cristo dentre os mortos.*
> *Porém que se diz? A palavra está perto de ti,*
> *na tua boca e no teu coração;*
> *isto é, a palavra da fé que pregamos.*
> *Se, com a tua boca, confessares Jesus como Senhor*
> *e, em teu coração, creres que Deus o ressuscitou dentre os mortos,*
> *serás salvo.*
> *Romanos 10.6-9*

Finalmente ainda, a presença de Deus entre nós é para sempre uma boa nova que enche o coração de deleite e não de terror. Confortados pela cruz, desviemo-nos das teologias de glória que encontramos a nosso redor: nos sinais e maravilhas que tantas pessoas exigem, no clamor por sucesso, números e popularidade neste mundo; nas tendências especulativas, místicas e subjetivistas de nosso tempo; no triunfalismo que tanto marca a igreja contemporânea. Contentes em morrer com Cristo, fomos ressuscitados para sua nova vida. A disposição de Cristo para a fraqueza é mais forte do que a vontade de poder da humanidade moderna, e aquilo que os super-homens de nossa época enxergam como ópio das massas é "poder de Deus para a salvação de todo aquele que crê" (Romanos 1.16).

Capítulo 6

SE APENAS SOUBÉSSEMOS POR QUE DEUS DEIXOU QUE ACONTECESSE

No dia depois do Natal de 2004, um gigantesco *tsunami* provocado por um terremoto no oceano Índico ceifou a vida de aproximadamente duzentas mil pessoas. A terra toda parecia ecoar num único suspiro coletivo que perguntava "Por quê, Deus?" Conforme reportagem do noticiário CBS: "Na Índia, um renomado sacerdote hindu explicou que o desastre foi causado por 'imenso mal contido, feito na terra pelo ser humano'. O rabino-chefe de Israel, Shlomo Amar proclamou: 'o mundo está sendo punido por fazer o mal'".[1]

De acordo com numerosos clérigos islamitas, o juízo do *tsunami* não era sobre maometanos fiéis, que eram a maior parte das vítimas, mas sobre os turistas "cristãos" escassamente vestidos que corrompiam as praias. Por outro lado, o clero liberal de todas as estirpes era igualmente dogmático em seus pronunciamentos ao dizer que Deus não tinha nada a ver com a tragédia. Ou sabemos exatamente o que Deus está fazendo (em geral castigando pessoas específicas por pecados específicos), ou então negamos que Deus

---

[1] Jim Stewart, "Religions Try to Explain Tsunamis," (CBSNEWS. com, 6 de Janeiro de 2005); can be viewed at www.cbsnews.com/stories/2005/01/06/eveningnews/main665307.shtml.

esteja no controle do mundo. Pontos de vista semelhantes foram emitidos após os furacões Katrina e Rita em 2005. Tais dois extremos parecem ser expressões demasiadamente comuns quando as crises ocorrem, quer em escala global quer pessoal.

No primeiro livro que eu editei, o ex-Ministro da Saúde dos Estados Unidos, C. Everett Koop, contribuiu um capítulo em que relatava a sua investigação de um famoso "curandeiro de fé".[2] Assistindo uma das reuniões desse evangelista, Koop seguiu de perto alguns dos indivíduos que foram "curados". Em um caso, um senhor idoso foi apresentado à multidão como cego. O evangelista deu-lhe uma Bíblia de letra grande, que, sob as luzes fortes do palco, embora hesitante, ele foi capaz de ler. Para dramatizar o alegado milagre, o evangelista tirou os óculos do homem, esmagando-os no palco. Voltando a seu apartamento mal-iluminado, o senhor idoso descobriu que não somente não podia *ler* sua Bíblia, como também mal podia *encontrá-la*, pois não tinha mais os seus óculos. Naquele capítulo, Koop desafiou a indústria da cura pela fé e encorajou seus leitores a recobrar um senso de maravilha e apreço pela simples providência de Deus, que opera por meio de médicos e pelos processos naturais que o próprio Deus criou e sustenta.

Por que procuramos Deus somente naquilo que é milagroso? Por que associamos a atividade de Deus em nossa vida com o desaparecimento espetacular de um tumor medicamente documentado, mas não estamos dispostos a reconhecer o mesmo quando o tumor é reduzido mediante radiação ou cirurgia? Não é Deus que cura tanto um ferimento que se recupera gradativamente por vários meios humanos quanto uma doença que desaparece por intervenção milagrosa?

Meu objetivo neste capítulo é ajudar a recuperar essa apreciação pela atividade de Deus em nossa vida e na história mediante a providência or-

---

2 C. Everett Koop, "Faith Healing and the Sovereignty of God," in *The Agony of Deceit*, ed. Michael Horton (Chicago: Moody Press, 1990).

dinária. Aquele governo que ele exerce em Cristo e por seu Espírito e que é, em sua maior parte, invisível e desconhecida a nós, ainda que seja essencial ao nosso florescimento. Quero desafiar o pressuposto de que Deus se limita ao milagroso. Tal mal-entendido muitas vezes toma duas formas opostas: a crença de que Deus de alguma maneira se obriga a nos curar de modo miraculoso ou então, de que sempre que surge o sofrimento, é por ação direta e imediata de Deus. Nos dois casos, a confiança de que Deus trabalha mediante os processos comuns que ele mesmo criou e sustenta – ou seja, nossa crença na providência divina – é enfraquecida. Além disso, presume uma visão de ação divina que elimina ou torna triviais as ações dos seres humanos, os padrões climáticos e demais fatores por ele criados, que possuem sua própria liberdade prescrita debaixo de Deus.

Às vezes, irmãos e irmãs bem-intencionados querem nos estimular a descobrir o que Deus está fazendo quando ocorre determinada tragédia, ou o que ele quer nos ensinar com isso, como faziam os conselheiros de Jó. Presumem que Deus seja a causa *direta* de nosso sofrimento, a fim de fazer alguma coisa por nós, que traga glória a ele e a nós como fim último. Como isso parece muito próximo da verdade, é essencial que utilizemos um capítulo inteiro para entender e discernir essas coisas pelas Escrituras. Embora Deus seja, em última instância, realmente soberano sobre todas as coisas, grandes e pequenas, e não permite que passemos por uma provação que não possa ser transformada em proveito, muitas das adversidades que enfrentamos na vida são simplesmente parte da teia de causas e efeitos comuns neste mundo. Ao saber que está com câncer, a reação final não pode ser achar que Deus colocou o dedo na direção da vítima e ordenou: "Haja câncer!". Também não podemos achar que Deus *não* se envolve – que talvez tenha baixado a guarda com respeito à má notícia. Deus ordenou um mundo em que ele não controla *diretamente* todas as coisas (isto é, à parte dos meios) e nem é apenas outro membro da criação que poderia, ele mesmo, sofrer e ser vencido pelo curso dos acontecimentos.

Quando pensamos nas provações como diretos e imediatos "atos de Deus", em vez de enxergá-los como consequências de uma complicada rede de causas secundárias sobre as quais Deus é soberano e, portanto, capaz de tecer em um desenho gracioso, presume-se que seja óbvio o seu significado. Acima do próprio sofrimento, supõe-se que consigamos ler em certo grau a mente de Deus e ver todas as dificuldades – não como elas aparentam externamente – mas como oportunidades para aprender alguma coisa. Isso torna insignificante não somente as aflições de quem está sofrendo, como também os seus entes queridos que também sofrem, cada um a seu modo. Conquanto eu confiasse na Palavra de Deus, que ele estava fazendo algo por mim e por meu intermédio no sofrimento de meu pai, eu não sabia o que era e nem o sei agora, e talvez nunca o saiba no futuro. Pode ser que um dia eu saiba, pode ser que não. Pelo menos no meio da crise, a coisa mais forte em minha mente era o que meu pai estava passando – não em como transformar isso numa experiência de aprendizado para mim.

A última coisa de que alguns crentes precisam em suas provações é o acréscimo do peso de discernir o porquê de tudo que está acontecendo. E a boa nova é que não há na Escritura nenhum lugar dizendo que tenhamos de fazer isso. Os segredos de Deus permanecem sendo isso mesmo. Temos de evitar os dois extremos: por um lado, achar que os propósitos secretos e a providência de Deus para nossa vida estão à nossa *disposição*; por outro lado, geralmente como reação, concluir que Deus na verdade *não tenha* propósito para todos os detalhes, grandes e pequenos de nossa vida.

OS "DOIS LIVROS" DE DEUS

Devo fazer breve menção de como chegamos a esse falso dilema de achar que Deus seja causa imediata e direta de todas as circunstâncias ou senão o contrário, achar que ele não está relativamente envolvido.

Embora o teólogo medieval Tomás de Aquino tivesse oferecido um tratamento sadio da providência divina em termos de *concursus* – ou seja, o governo soberano de Deus sobre todas as coisas de suas criaturas por meios secundários ou naturais – a religião popular daquela época era regida cada vez mais pela superstição. A morte rondava por todo lado, e a Peste, que acabou sendo chamada de Peste Negra, matou quase um terço da população da Europa. As pessoas queriam ter segurança de que não eram simples vítimas. Queriam controlar seu destino, e assim, muitas vezes, apelavam para a mágica, como hoje em dia alguns apelam para cristais, para a repetição de diversos mantras, adotando as mais recentes "fórmulas espirituais" ou entregam suas esperanças a algum *televangelista*. O mundo medieval estava "encantado" pelas forças do bem versus as forças do mal em que criam, e isso dificultava as ciências que surgiam, especialmente a medicina, a obter sucesso no imaginário popular.

A Reforma do século XVI desafiou a superstição. Em vez de nos ocupar do mundo oculto, invisível, devemos nos concentrar no que Deus revelou na natureza (que, portanto, está aberta para a investigação científica) ou então na Escritura. Os reformadores referiam-se aos eventos comuns e corriqueiros como sinais da presença e obra ordinária de Deus no mundo. Se um cientista descobre a cura de uma determinada doença, por exemplo, diziam eles que deveríamos ver essa pessoa como uma "máscara de Deus" – noutras palavras, o instrumento humano nas mãos de Deus para prover para nós em nossa aflição. Até o padeiro é uma dessas "máscaras" mediante a qual Deus atende nossa oração pelo pão de cada dia.

Mas na era do Iluminismo, o Ocidente não só rejeitou o papa, como também a Escritura. Somente aquilo que podia ser determinado pela razão ou pela experiência seria contado como verdadeiro. Os "dois livros" foram reduzidos a um só, e a distinção entre a atividade ordinária (providencial) e extraordinária (milagrosa) de Deus no mundo foi transformada em negação de ambas. O segundo não somente foi reduzido ao primeiro, como também a própria providência (ainda que o termo fosse empregado) era agora uma "natureza" estéril, destituída de propósito sobrenatural ou envolvimento soberano. Deus tinha sido necessário para fazer as coisas começarem, no princípio, mas agora tudo corre mais ou menos bem sem a ajuda dele. Na visão de Isaac Newton, tudo é uma gigantesca máquina cósmica. Deus tornou-se o ideal de monarca moderno: inaugura projetos, beija os bebês, simboliza nossos valores e aspirações, mas permanece bem "na dele", fora de nosso caminho.

Reagindo contra isso, o Romantismo e o Espiritualismo voltaram para algo mais parecido com a superstição medieval. Isso nos afeta profundamente. Hoje, somos muitas vezes forçados a escolher entre o naturalismo e o novo hiper-sobrenaturalismo. Noutras palavras, ou Deus toma o lugar de passageiro para a ciência – a verdadeira provedora de todas as nossas necessidades – ou só podemos acreditar que sua mão está presente onde enxergamo-la presente, ou seja, no milagroso. A ideia de que Deus provê para nós por meio de criaturas e processos naturais, comuns, relativamente confiáveis, em sua maior parte tem sido perdida – pelo menos na cultura em voga. Deus trabalha *de maneira espetacular*, ou então *raramente*, senão nunca. Reconhecemos o hiper-sobrenaturalismo, por exemplo, quando nossos irmãos parecem congelados em seus passos por uma decisão momentânea (às vezes até por decisões triviais), esperando por um sinal claro do Senhor – um "indício" ou uma revelação direta de sua vontade.

DISTINÇÕES QUE FAZEM DIFERENÇA

Creio que um renovado apreço pelo cuidado providente de Deus requer que afirmemos as seguintes distinções e igualmente confirmemos a ambas.

Coisas encobertas e coisas reveladas

"As coisas encobertas pertencem ao Senhor, nosso Deus, porém as reveladas nos pertencem, a nós e a nossos filhos, para sempre, para que cumpramos todas as palavras desta lei" (Deuteronômio 29.29). Esta distinção entre as coisas escondidas e as reveladas é mantida através de todas as Escrituras. Na verdade, a forma exata em que a profecia do Antigo Testamento se cumpriria no descortinar do plano de redenção é chamada de "sabedoria de Deus em mistério, outrora oculta, a qual Deus preordenou desde a eternidade para a nossa glória" e "Deus no-lo revelou pelo Espírito; porque o Espírito a todas as coisas perscruta, até mesmo as profundezas de Deus" (1Coríntios 2.7,10). Esta resposta foi evocada depois que certos "superapóstolos" atacaram o ministério de Paulo, por acharem que tivessem uma forma de sabedoria mais elevada do que a dele. Esses superapóstolos pensavam ter descoberto o segredo do cofre celeste de Deus. À pretensão deles de possuir sabedoria *privada (gnosis)*, Paulo exaltou o conhecimento público à disposição de todos, mediante a Palavra de Deus confiada a ele e aos outros apóstolos, que era a revelação do plano de Deus para a salvação na plenitude dos tempos. Este conhecimento revelado estava ligado ao caráter, propósito e vontade de Deus para nossa redenção em Cristo, culminando na eterna glória de Deus. Como verdade histórica, revelação cósmica, estava aberta a todos, não sendo uma verdade particular sobre o que vai acontecer com esta ou aquela pessoa.

Embora tenha revelado muito mais na era atual do que na velha aliança, Deus ainda não revelou tudo. De fato, a Escritura nunca indica que saberemos tudo nem que tenhamos respondidas todas as nossas perguntas. Deus revelou tudo que precisamos saber, mas nem tudo que talvez gostaríamos de saber. Ele permanece Senhor de todos os seus conselhos. Sabemos que ele tem declarado tudo que vem a acontecer (veja, por exemplo, Salmo 139.16; Provérbios 16.4, 33; Atos 13.48; 17.26; Efésios 1.4-5; 2.10), porém, não há qualquer promessa de que possamos acessar tais informações mediante determinadas fórmulas corretas. Na verdade, a tentativa de saber mais que Deus realmente tenha revelado, é mais uma característica da superstição e mágica – não da piedade cristã.

O que dizer então de Romanos 12.2 que promete "que, sejam capazes de experimentar e comprovar a boa, agradável e perfeita vontade de Deus" (NVI)? Como sempre, temos de ler este versículo em seu contexto: "Não se amoldem ao padrão deste mundo, mas transformem-se pela renovação da sua mente, para que sejam capazes de experimentar e comprovar a boa, agradável e perfeita vontade de Deus". Noutras palavras, temos de nos imergir no estudo da Escritura, que renova nossa mente e permite que nos testemos – ou seja, investiguemos nossas crenças e práticas pela Palavra de Deus. Ao fazer isso, somos capazes de saber melhor a vontade de Deus – não sua vontade secreta, que permanece escondida para nós, mas a sua vontade boa e perfeita conforme revelada na Escritura. É por esta razão que Paulo se refere à Palavra de Deus, e não a "intuições", "sugestões conducentes", "induções" e "sinais". A boa e perfeita vontade de Deus não é secreta. Não está escondida de nós como estão os seus decretos eternos. Não temos nenhuma razão para crer que Deus vá revelar-nos de maneira especial e sobrenatural com quem devemos nos casar, qual emprego aceitar, ou onde deveremos morar, mesmo que saibamos que ele tenha "fixado os tempos previamente estabelecidos e os limites da sua habitação" (Atos 17.26). Porém, podemos e devemos estar confiantes que ele tenha revelado tudo necessário para a salvação e a piedade.

Isso não despreza a soberania ou o interesse de Deus nos mínimos detalhes de nossa vida. Poucas foram as pessoas que escreveram com maior força ou eloquência sobre a secreta predestinação de Deus que João Calvino. Contudo, ele diz também:

> Todas as coisas são ordenadas segundo o plano de Deus, de acordo com uma dispensação segura, [mas] para nós são fortuitas. Não pensamos que a sorte rege o mundo e os homens, jogando as coisas para cima e para baixo, como também é condizente que essa loucura esteja ausente do peito do cristão! Mas, como a ordem, razão, fim e necessi-

dade das coisas que acontecem, em sua maior parte, estão escondidas no propósito de Deus, e não são aprendidas pela opinião humana, tais coisas, que com certeza acontecem pela vontade de Deus, são, em certo sentido, fortuitas. Elas portam em sua face nenhuma outra aparência, quer consideradas na sua própria natureza quer pesadas de acordo com nosso conhecimento e juízo.[3]

Antes disso, Calvino declarou: "Não seria útil a nós saber o que o próprio Deus... por sua vontade quis que permanecesse invisível". Lembrando de uma réplica de Agostinho, disse ele: "Quando certo sujeito sem vergonha perguntou a um velho homem piedoso o que Deus fizera antes da criação do mundo, este retrucou que Deus estava construindo o inferno para os curiosos".[4] Como Agostinho, Calvino estava simplesmente seguindo a Escritura ao aceitar humildemente a majestade de Deus, que consente a Deus guardar seus próprios segredos.

Graça comum e graça salvadora

Esta é outra distinção essencial para pensar quando consideramos os caminhos de Deus no mundo. Assim como tantas vezes nós limitamos a atividade de Deus aos milagres, facilmente a limitamos apenas ao redentivo. Vemos a mão de Deus no Êxodo, conduzindo Israel até a Terra Prometida, na pessoa e obra de Jesus Cristo em enviar o Espírito Santo e na vida da igreja – mas o que dizer sobre a mão de Deus ao preservar a humanidade após a Queda? Que dizer sobre como ele protegeu Caim após o assassinato de Abel? Reconhecemos a mão de Deus em Jerusalém, mas o que dizer da Babilônia ou de Roma? No entanto, se confundirmos a graça comum (que corresponde à sua providência) e sua graça redentora (que corresponde ao

---

3 João Calvino, *Institutas da religião cristã*, ed. John T. Mc-Neill, trad. Ford Lewis Battles (Philadelphia: Westminster, 1960), 1.16.9.
4 Ibid., 1.14.1.

milagre), cometemos o erro oposto de pensar que Deus, em seu providencial interesse pelo mundo, restringindo o mal e a maldade para que alguma bondade possa florescer, seja salvador em si mesmo.

A religião civil é um exemplo óbvio disso, se pensarmos que a cidade de Deus "assentada sobre os montes" seja os Estados Unidos e não a Sião celestial. Assim como temos de evitar os extremos de negar totalmente a providência divina ou então, tornar milagrosa toda a atividade de Deus, precisamos evitar confundir o cuidado gracioso de Deus pelo mundo, em toda sua rebeldia, com o plano divino de redimir em Cristo, um povo para si. É tarefa difícil distinguir *e* sustentar a ambos, mas é necessário fazer isso se quisermos entender corretamente o significado bíblico da providencia divina.

O teólogo presbiteriano John Murray, disse com justiça quanto à doutrina da graça comum, que "sobre esta questão, Calvino não apenas abriu uma nova perspectiva quanto também uma nova era de formulação teológica".[5] Embora o termo passasse a ser usado somente muito mais tarde, o tratamento daquilo que chamamos de "graça comum" estava sendo analisado por Calvino sob o nome providência divina.

Como cristãos naturalmente pensamos sobre a obra do Espírito Santo na vida dos crentes. Tal percepção é compreensível, dada a imensa proporção de passagens bíblicas que a tratam sobre esse contexto. Contudo, não podemos ignorar o fato de que o mesmo Espírito que pairava sobre as águas na criação sustenta todas as coisas (juntamente com o Pai e o Filho), e age, tanto derramando seus dons de inteligência, amizade, amor, paixão, vocação, família, cultura, governo, arte, ciência e assim em diante, sobre os não cristãos, como dons salvíficos sobre seu povo.

Assim como alguns cristãos exigem envolvimento direto de Deus em suas vidas a ponto de presumir que conseguem discernir seus planos secretos, alguns cristãos esperam que a Escritura trate de todas as contingências possíveis de suas vidas. Embora tenhamos que limitar a declaração "Assim

---
5 John Murray, *The Collected Writings of John Murray* (Edinburgh: Banner of Truth, 1977), 2:94.

diz o Senhor" àquilo que Deus realmente disse (agora documentado na Escritura), não podemos limitar nossa busca da verdade, bondade e beleza apenas às páginas da Escritura. A realidade da graça comum de Deus significa que somos livres para buscar – na verdade, espera-se que busquemos – verdade, bondade e beleza onde quer que o Espírito as tenha espalhado, mesmo em fontes seculares.

Temos de rejeitar a falsa dicotomia que presume que Deus ou revela diretamente cada passo a ser tomado ou não ordena em nada os nossos passos. Temos de lembrar que, conquanto a Escritura nos conduza à verdade infalível, mesmo nos pontos que se sobrepõem à graça comum, Deus deu dons a todas as pessoas, crentes e descrentes, e devemos tirar proveito desses dons numa grande variedade de chamados e carreiras terrenas.

Como Murray ressaltou, a graça comum explica grande variedade de benefícios que Deus dá indiscriminadamente a todos os povos. Primeiro, restringe o pecado. Nos meses após os ataques de 11 de Setembro, pediu-se a cristãos novamente que falassem sobre o problema do mal. Conquanto eu reconheça a existência do mistério da maldade, uma parte de minha resposta a essas perguntas é uma questão para o questionador: Como se explica o problema do *bem*? Noutras palavras, embora alguns de nós sejamos menos propensos do que outros a nos tornar terroristas, no espelho da Lei de Deus somos todos maus. De inúmeras formas, todos nós falhamos, não amando a Deus e ao próximo todos os dias. Assim, a pergunta real deveria ser: "Por que o mundo inclui *alguma* coisa boa?" Sem a providência de Deus, 11 de Setembro seria um dia normal. Porém, todos nós sabemos que foi bastante anormal. Mesmo que esse tipo de terrorismo continue sendo ameaça, a graça comum de Deus geralmente restringe que isso aconteça. Devido à depravação do coração humano bem como à corrupção de instituições onde hábitos de pecado estão profundamente incrustados, as coisas muitas vezes são ruins, mas raramente tão ruins quanto poderiam ser, graças à graça comum de Deus. Em sua misericórdia comum, porém não salvadora, Deus colocou uma "marca" no violento Caim, de forma que até ele pôde construir uma cidade (veja Gênesis 4.15,17).

Segundo, através de sua graça comum, Deus restringe até mesmo sua própria ira justa. Devido a tal graça, Deus se mostrou *longânime* face à depravação do homem "nos dias de Noé" (1Pedro 3.20). Então, depois do Dilúvio, Deus fez uma aliança conosco e com todo ser vivente, dizendo nunca mais destruir a terra por água (Gênesis 9.8-17). Novamente (e isso sobrepõe no tempo e no espaço com o plano de Deus para salvar o seu povo), a graça comum de Deus o levou a não levar em conta os tempos de ignorância antes da vinda de Cristo (veja Atos 17.30) e agora o leva a retardar seu juízo final (veja Romanos 2.4; 2Pedro 3.9).

A graça comum não somente restringe, por sua misericórdia, o pecado e a ira, como também é o meio pelo qual Deus nos dá muito em bens tangíveis. Murray escreve:

> [Deus] não somente restringe o mal nos homens como também concede dons, talentos e aptidões aos homens; ele os estimula com interesse e propósito, à prática de virtudes, à busca de tarefas dignas, e ao cultivar das artes e ciências que ocupam tempo, energia e atividades dos homens que buscam o benefício e a civilização da raça humana. Ele ordena instituições para a proteção e promoção do direito, a preservação da liberdade, o avanço do conhecimento e a melhoria de condições físicas e morais.[6]

A Escritura está repleta de exemplos da providencial bondade de Deus, especialmente nos salmos. "O Senhor é bom para todos, e as suas ternas misericórdias permeiam todas as suas obras" e "Abres a mão e satisfazes de benevolência a todo vivente" (Sl 145.9, 16).

---

[6] Ibid., 2:102.

Alguns crentes acham que a regeneração confere benefícios especiais que os tornam melhores artistas, políticos, empreendedores e até mesmo pais. Mas estas Escrituras, como também a experiência, confirmam que os descrentes podem exceler em sua vocação e crentes podem fracassar nas suas. A princípio, no campo de realizações comuns regidas pela criação e providência de Deus, não há diferença entre crentes e incrédulos no que concerne aos dons e habilidades.

Por esta mesma razão, Jesus chama seus seguidores a orar pelos inimigos: "porque ele faz nascer o seu sol sobre maus e bons e vir chuvas sobre justos e injustos" (Mateus 5.45). Os cristãos deverão imitar tal atitude. Na verdade, vemos na parábola do Semeador (Mateus 13.1-9), que os descrentes se beneficiam da obra do Espírito pela Palavra; é verdade inegável que, embora muito mal tenha sido perpetrado pela "cristandade", incontáveis benefícios têm advindo à civilização mediante influências bíblicas. Quando vemos não cristãos, mesmo em nações hostis ao evangelho, demonstrando hospitalidade, bondade, justiça e compaixão, criando obras de arte, literatura e ciência, não concluímos que afinal de contas, todas as pessoas são basicamente boas. Em vez disso, concluímos que Deus permanece fiel à criação mesmo quando nós somos infiéis, e que a imagem de Deus é preservada pelo seu Espírito, a despeito das tentativas humanas de erradicá-la.

A graça comum beneficia a humanidade caída em termos da presente época, mas não traz a era futura, ou seja, não faz acontecer o reino de Deus. Não salva os malfeitores do juízo vindouro, nem redime a arte, a cultura, o estado ou as famílias. Diferente da graça salvadora. A graça comum se restringe ao mundo atual até o dia do juízo e não impedirá a mão de Deus de agir com justiça naquele temível dia.

Mas tal realidade não significa *ser contrária à graça salvadora*. Conforme disse John Murray: "A graça especial não anula e sim, traz sua influência redentiva, regenerativa e santificadora sobre todo dom natural ou comum; transforma todas as atividades e departamentos da vida; traz toda boa dádiva ao serviço do reino de Deus. O cristianismo não é uma fuga da natureza; é a renovação e santificação da natureza". Ele observa corretamente que tal perspectiva desafia as versões ascéticas ou monásticas da espiritualidade, porque "sua perspectiva prática tem sido 'pois tudo que Deus criou é bom, e, recebido com ações de graças, nada é recusável, porque, pela palavra de Deus e pela oração, é santificado' (1Timóteo 4.4-5)."[7]

Quando nós, como cristãos, afirmamos a graça comum, levamos a sério este mundo, em toda sua pecaminosidade como também toda sua bondade conforme foi criada e é sustentada por Deus. Vemos Cristo como Mediador da graça salvadora aos eleitos, mas também das bênçãos gerais para um mundo que se encontra sob maldição. Isso nos permite participar da cultura secular, ter prazer em relacionamentos com descrentes, trabalhando ao lado deles em vocações comuns e tendo alvos comuns, sem que todos tenham de justificar essa cooperação e vida comum em termos de ministério e alcance. Para mim, isso tem sido um dos aspectos mais libertadores e práticos do ensino das Escrituras, se bem que seja algo não valorizado até mesmo em nossos próprios círculos, onde regularmente é esperado que os cristãos justifiquem a sua existência seguindo algum ministério dentro da igreja em vez de seguir seus chamados seculares.

Pela graça comum, não só os não crentes podem sustentar seus bens, verdades e belezas, como também enriquecer a vida de crentes. Isso é porque o projeto do Pai, a mediação de Cristo e o poder do Espírito que concede vida não são menos vitais para o sustento do mundo em sua condição caída do que é para a redenção dos pecadores e renovação da criação no final da história. Valorizar a profundidade não só da depravação humana como também da dignidade humana devida à consciência da criação e graça comum de Deus é uma ajuda para

---
7 Ibid.

nós. Em uma passagem célebre, João Calvino fala contra o fanatismo que procura proibir toda influência secular sobre os cristãos, concluindo que, quando depreciamos a verdade, bondade e beleza encontrada entre não crentes, estamos lançando nosso desprezo sobre o próprio Espírito Santo:

> Sempre que nos aproximamos de tais questões em escritos seculares, deixai que a luz admirável que está neles nos ensine que a mente do homem, embora caída e pervertida de sua integridade, ainda é vestida e ornamentada pelos excelentes dons de Deus... Se consideramos o Espírito de Deus como fonte única da verdade, não rejeitaremos essa verdade nem a desprezaremos, onde quer que a encontremos, a não ser que queiramos desonrar o Espírito de Deus. Ao menosprezar os dons do Espírito, estaremos desprezando o próprio Espírito. O que diremos? Podemos negar que a verdade brilhou sobre os antigos juristas que estabeleceram a ordem e disciplina cívica com tão grande equidade? Diremos que os filósofos eram cegos em suas finas observações e artísticas descrições da natureza? Diremos que estavam desprovidos de entendimento aqueles homens que conceberam a arte da disputa, ensinando-nos a falar razoavelmente? Diremos que estão insanos todos os que desenvolveram a medicina, dedicando seu labor ao nosso benefício? E o que dizer de todas as ciências matemáticas? As consideraremos desvarios de loucos? Não. Não podemos ler os escritos dos antigos sobre tais assuntos sem profunda admiração... Mas poderemos contar qualquer coisa digna de louvor e admiração sem reconhecer ao mesmo tempo que isso procede de Deus?... Esses homens aos quais as Escrituras chamam de "homem natural" eram, na verdade, afiados e penetrantes em sua investigação de coisas inferiores. Que nós, de acordo, aprendamos, por exemplo, quantos dons o Senhor

deixou para a natureza humana mesmo após ela ter sido destituída de seu verdadeiro bem.[8]

Em outro lugar, Calvino até mesmo cita poetas e filósofos pagãos sobre assuntos religiosos – uma prática sancionada pelo exemplo do apóstolo Paulo em Atos 17. Com certeza, tendo as Escrituras como nossos "óculos" com os quais vemos a realidade, mesmo as questões que geralmente vemos como "seculares" tomam nova perspectiva. A sabedoria de Deus nos reorienta a ver tudo de modo diferente. No entanto, a bondade e sabedoria de Deus não estão ausentes até mesmo daqueles que recusam reconhecer a sua Palavra revelada.

Mesmo os governantes pagãos exercitam seu domínio como resultado da providência de Deus (Romanos 13.1-17; 1Pedro 2.14) – e aqui Paulo e Pedro têm em mente um governo hostil para com a causa de Cristo. Mesmo através desses poderes, Deus secretamente governa as nações, assim como faz com a igreja. Acreditar que um governo tenha de se enquadrar "de acordo com o sistema político de Moisés" em vez de "conforme as leis comuns das nações", escreveu Calvino, é "perigoso e sedicioso", como também "falsidade e insensatez".[9] A teocracia mosaica foi limitada à antiga aliança e não é mais o padrão num tempo onde não existe uma nação escolhida. A lei de Deus escrita na consciência de cada pessoa permite maravilhosa diversidade nas constituições, formas de governo, e leis, todas as quais aceitáveis em seu próprio tempo e lugar, desde que preservem a "equidade... que deverá ser alvo, regra e limite de todas as leis".[10]

A compreensão dessa distinção nos ajuda a reconhecer o envolvimento de Deus em todas as coisas – as comuns tanto quanto as santas, providência tanto quanto milagre – para que não precisemos encontrar

---

8 Calvino, *Institutas*, 2.2.15.
9 Ibid., 4.20.14.
10 Ibid., 4.20.16.

uma interpretação "espiritual" para todo evento. Além do mais, podemos usar plenamente as explicações naturais sem tentar decifrar o que talvez Deus esteja fazendo nos bastidores.

Governo direto e indireto de Deus

O exemplo de José, dizendo a seus irmãos: "Vós, na verdade, intentastes o mal contra mim; porém Deus o tornou em bem, para fazer, como vedes agora, que se conserve muita gente em vida" (Gênesis 50.20) é paradigma da distinção que estamos fazendo aqui. Atos 2, onde Pedro pôs a culpa da morte de Jesus diretamente sobre os ombros das pessoas que participaram da crucificação também o é, embora afirme que Jesus foi entregue de acordo com o plano e ordem prévia de Deus. Assim como Deus rege sobre os afazeres da criação não menos pela providência que pelo milagre, ou graça comum não menos que graça salvadora, ele age tanto quando trabalha por meio de suas criaturas quanto faz acontecer os seus desígnios diretamente sem elas.

Se a Escritura responsabiliza os seres humanos por seus próprios atos enquanto afirma a soberania de Deus, nós devemos fazer o mesmo. Essas duas verdades jamais são resolvidas na Escritura, e sim, usadas juntamente, reconhecendo seu mistério. Em recente entrevista, a irmã de uma vítima famosa de um assassinato bárbaro disse que acima de todos, ela culpava a Deus – até que um pastor sábio disse-lhe que isso não era um ato de Deus, mas de crueldade humana. Aquele pastor estava certo. Embora Deus estivesse envolvido diretamente na morte de seu Filho, ele não estava envolvido diretamente no assassinato da irmã dessa mulher. Deus é soberano sobre todas as coisas, e pode trazer o bem último até mesmo do mal, mas ele não é o perpetrador. E por ele ser Senhor de todas as coisas, ele restringe aquilo que o mal pode causar, como também lembra desse mal para o dia do juízo.

Ironicamente, muitos que hoje não afirmam a noção cristã clássica da soberania divina, muitas vezes, no entanto, falam como se Deus fizesse coisas em suas vidas direta e imediatamente, sem nenhum meio instrumental. Se alguém atribui a recuperação de uma doença à perícia dos médicos, o que muitas vezes acontece, cristãos bem-intencionados replicam: "É, mas quem a curou foi Deus". Às vezes os crentes desculpam sua preguiça ou falta de preparo ou falta de sabedoria apelando para a soberania de Deus: "Simplesmente ore sobre isso" ou "Se Deus quiser que aconteça, acontecerá", e assim por diante.

Concordo que a crença na providência de Deus deve nos dar segurança de que no fim, nosso tempo está nas mãos dele; mas Deus não cumpre todos os seus propósitos diretamente ou imediatamente. O mais comum é que ele empregue *meios*, quer sejam pessoas, condições climáticas, levantes sociais, migração de animais, diversas vocações ou uma multidão de outros fatores sobre os quais ele tem o controle final. Ele até mesmo usou padrões seculares de tratados de organização política para instituir seu relacionamento pactual com o seu povo.

Calvino chama a providência de Deus de "princípio determinante de todas as coisas", mesmo que "às vezes funciona mediante um intermediário, às vezes sem intermédiário, e outras vezes ao contrário de todo e qualquer intermediário".[11] Esta é a nuança cuidadosa que muitas vezes falta nos debates atuais, em que supõe-se que ou Deus não governa sobre todas as coisas ou governa sobre tudo de maneira a dispensar qualquer liberdade de suas criaturas. Calvino compara o que Deus decreta por sua vontade escondida a um "profundo abismo", em contraste ao que Deus "determinou familiarmente" na sua vontade revelada:

> Realmente, é verdade que a lei e o evangelho são mistérios compreendidos que dominam muito acima do alcance de nossos sentidos. Porém, como Deus ilumina a mente de seus filhos com o espírito de discernimento a fim de compreender os mistérios que ele quis revelar por sua

---
11 Ibid., 1.17.1.

Palavra, agora aqui não há nenhum abismo, e sim, um caminho em que andar seguro, uma lâmpada para os pés, a luz da vida e a escola da verdade certa e clara. *Contudo, seu método maravilhoso de governar o universo é chamado com justiça de abismo, pois, embora esteja escondido de nós, devemos adorá-lo reverentemente.*[12] (ênfase acrescida).

Ao mesmo tempo, Calvino afirma que podemos saber muito a respeito de como funciona o universo estudando as causas secundárias pelas quais Deus faz acontecer sua vontade escondida, e assim, repreende a qualquer que queira usar a doutrina da providência divina como desculpa para o fatalismo: "Pois aquele que estabeleceu os limites de nossa vida também confiou a nós o seu cuidado: proveu meios e ajuda para preservá-la; também nos fez capazes de prever os perigos. Para que estes não nos sobrepujam incautos, ele provê precauções e remédios".[13] Temos, portanto, obrigação de estudar essas causas secundárias a fim de apropriá-las. Sem dúvida, Deus planejou nosso futuro e está ativamente fazendo com que venha a acontecer. Contudo, "o homem piedoso não desprezará as causas secundárias".[14]

Se alguém tem câncer, não deverá esperar que Deus intervenha milagrosamente, e sim, ir à melhor clínica de oncologia possível. Se nossos filhos não estão seguindo o Senhor, não podemos apenas esperar que Deus os faça voltar à sabedoria, mas orar pedindo que Deus leve amigos e colegas às suas vidas, que os ajudem a voltar para o Senhor. Se estivermos em dúvida quanto a com quem nos casar ou onde morar, não podemos ficar esperando por um sinal, mas pedir a Deus sabedoria e tomar decisões bem-informadas. Quando vemos nosso casamento desmoronar, em vez de nos fazer de vítimas, perguntando por que Deus permite que isso aconteça,

---

12 Ibid., 1.17.2.
13 Ibid., 1.17.4.
14 Ibid., 1.17.9.

devemos avaliar as causas secundárias. Precisamos procurar bom conselho, cercar-nos da comunhão dos santos, renovar nossos votos de maneira prática, atacando nosso próprio egoísmo, partilhar da oração e leitura bíblica diária, e acima de tudo, fazer uso dos meios de graça – Palavra e Sacramento – junto aos irmãos no culto público.

Assim, podemos dizer, sem ferir a piedade, que os médicos nos curaram de determinada doença *e* Deus nos curou. Assim como podemos agradecer a Deus e ao padeiro pelo nosso pão de cada dia. Quando surge um desastre natural, nosso destino não está, em última instancia, nas mãos do governo ou da defesa civil, mas isso não quer dizer que o governo não possa ajudar-nos a reconstruir a casa ou a vida destruída mediante os serviços de assistência. Tal perspectiva abre nosso horizonte para ver Deus trabalhando em todos aspectos da vida, mesmo onde geralmente não esperamos encontrá-lo, confiando que mesmo quando não o encontramos, ele já está ali.

Não nego nem por um momento que milagres acontecem na vida das pessoas. Mas o que dizer dos inúmeros casos documentados de cura que foram produzidos pela engenhosidade humana e tecnologia médica? Por que temos de chamar o nascimento de uma criança – provavelmente o exemplo mais espetacular da ordinária providência de Deus – um "milagre" a fim de reconhecer Deus como sua fonte máxima? O nascimento de uma criança *não* é claramente um milagre; não resulta direta e imediatamente da intervenção de Deus no curso natural das coisas. É resultado ordinário do uso certo dos meios certos, desde a concepção até o parto. Nada pode ser mais natural. No entanto, nada poderia ser mais maravilhoso testemunho da providência de Deus.

Os cristãos têm de reconhecer a mão de Deus não somente na maravilha do milagre como também no esplendor da providência. Aqui, mais uma vez, a já observada percepção de Calvino nos ajuda: "Nada é mais natural do que a primavera seguir o inverno; verão à primavera, outono ao inverno, cada qual por sua vez", escreve ele. "No entanto, nessa diversidade em série, vemos tão grande e desigual variedade que parece governar cada ano, mês e dia nova e especial providência divina".[15] O deísmo naturalista, enxergando a natureza como gigantesca máquina cósmica que obedece determinadas leis rígidas e invioláveis, simplesmente não consegue explicar a diversidade exibida tanto por nossa experiência quanto pelas ciências naturais. É por esta razão que o rígido quadro Newtoniano tem sido rejeitado pela ciência contemporânea, assim como temos de rejeitá-lo com base nas Escrituras. Porém, o hiper-sobrenaturalismo não chega mais próximo de dar-nos a confiança de que Deus está operando mesmo quando e onde menos o esperamos.

Providência e a cruz

Através deste livro, estamos examinando o sofrimento com as lentes da cruz e da ressurreição. Portanto, devemos concluir este capítulo com um breve comentário em relação à providência. O atento cuidado de Deus sobre os planetas, as marés, a queda de um passarinho, e o surgimento de um Império ocorrem todos deste lado do Éden. Por isso o chamamos de *graça comum*. A graça é um fenômeno pós-queda. O mundo, incluindo a humanidade, foi criado com integridade. Mas a graça e misericórdia de Deus são mostradas em um mundo em pecado. A providência de Deus após a queda corresponde à cruz.

Conforme vemos em Colossenses, Cristo é o centro não somente da redenção como também da criação ("Tudo foi criado por meio dele e para ele" 1.16) e também da providência (nele, tudo subsiste, 1.17). Ainda mais, o seu governo na providência foi feito para servir na redenção, a fim de que toda a história da humanidade sirva, de maneira escondida para nós, para o ajuntamento de seu povo: "Ele é a cabeça do corpo, da igreja. [...]

---

15 Ibid., 1.16.2.

aprouve a Deus que, nele, residisse toda a plenitude e que, havendo feito a paz pelo sangue da sua cruz, por meio dele, reconciliasse consigo mesmo todas as coisas, quer sobre a terra, quer nos céus" (versículos 18-20). Paulo acrescenta: "Porquanto, nele, habita, corporalmente, toda a plenitude da Divindade. Também, nele, estais aperfeiçoados. Ele é o cabeça de todo principado e potestade" (Colossenses 2.9,10). Mesmo agora, Cristo governa o mundo em sua providência, no serviço de criar, para todos os tempos, a sua igreja. Não é de espantar que todas as coisas contribuam juntamente para o bem do povo de Deus!

Assim como, na cruz, o poder de Deus está escondido na fraqueza e sua sabedoria na tolice, as pessoas não podem ver o poder e a sabedoria de Deus nas circunstâncias deste mundo, com todos os 11 de Setembro, AIDS, câncer, furacões, e incontáveis tragédias pessoais que encontramos. A providência de Deus não pode ser realmente discernida fora do evangelho, fora do conhecimento de que Deus está presente aqui e tornará a Sexta-feira da Paixão em manhã de Páscoa. Como os abatidos discípulos não puderam ver nada no sofrimento de Cristo que não fosse tragédia, não podemos assistir ao noticiário e concluir que tudo está bem com o mundo. Então, é para a ressurreição que nos voltaremos agora.

Segunda parte:
O Deus do túmulo vazio

Capítulo 7

FORA DO REDEMOINHO

Saibam que agora mesmo
a minha testemunha está nos céus;
nas alturas está o meu advogado.
O meu intercessor é meu amigo,
quando diante de Deus correm lágrimas dos meus olhos;
ele defende a causa do homem
perante Deus
como quem defende
a causa de um amigo.

Jó 16.19-21 (NVI)

Eu sei que o meu redentor vive,
e que no fim se levantará sobre a terra.
E depois que o meu corpo
estiver destruído e sem carne,
verei a Deus.

> *Eu o verei*
> *com os meus próprios olhos;*
> *eu mesmo, e não outro!*
> *Como anseio no meu peito o coração!*
>
> Jó 19.25-27 (NVI)

Ficamos voltando para a história de Jó porque ela nunca deixa de incomodar onde temos mais coceira quando as provações nos esmagam. Fui atraído para Jó de modo renovado há alguns anos quando um colega de pastorado e amigo próximo suicidou-se. Para o propósito de nossa história, eu o chamarei de Steve.

Ele e sua esposa maravilhosa tinham passado por intensos problemas médicos com os filhos. Cerca de um ano depois de subir a montanha Matterhorn, na Suíça, esse ávido esportista foi atropelado por um trem quando procurava o caminho para sair de uma densa floresta nas montanhas Rochosas, Estados Unidos. Teve as duas pernas amputadas. Depois disso, Steve sofreu de "dor fantasma", em que seu sistema neurológico agia como se ainda estivesse experimentando o acidente. Precisava tomar doses grandes de medicamentos de tarja negra para que conseguisse dormir algumas poucas horas cada noite.

Embora tivéssemos estabelecido amizade na Califórnia, ele havia se mudado para a costa Leste e eu fui um tanto relaxado quanto a manter contato. Muitas vezes, durante as crises de Steve, eu deveria ter me envolvido mais. Agora sei que pelo menos em parte a minha relutância era devida à natureza grotesca daquilo que meu amigo tinha se tornado – e isso, claro, é uma coisa horrível para se dizer. Steve havia sido uma pessoa de sucesso, atleta, que abraçava o mundo inteiro, e agora vivia em angústia perpétua. Enquanto menino e crescendo na casa de repouso que meus pais dirigiam, eu vira fenômeno semelhante de primeira mão, pois os filhos praticamente abandonavam seus pais por não conseguirem enfrentar a sua própria mortalidade.

Vivemos nessa espécie de cultura, onde, apesar dos saltos quânticos na tecnologia médica para estender a vida, pessoas idosas ou com doenças terminais ou deficiências severas (mentais ou físicas) muitas vezes sofrem vidas solitárias. Somos escandalizados pela fragilidade de nossa própria saúde. Mesmo que sejamos cristãos, às vezes pensamos na doença, enfermidade e morte como acontecimentos aleatórios, sem significado que, portanto, têm de ser curados a qualquer custo. Às vezes nos esquecemos que a Queda – em que o pecado passou a fazer parte da condição humana – tem ligação com a decaída da saúde mental e física.

Enfrentamos diariamente a realidade de que somos quem somos agora, mas no momento seguinte poderemos ser outra coisa. Um jovem profissional cheio de esperanças, a caminho de tornar-se sócio da firma de advocacia onde trabalha, enquanto faz sua corrida diária depois do trabalho é vítima de atropelamento, e o motorista bateu e fugiu. Uma mãe que dedica sua vida a cuidar de seus filhos em fase de crescimento é informada que tem câncer em estágio terminal. Depois de vinte anos de casamento exemplar, um marido acorda e descobre que sua mulher o deixou sozinho com os filhos para viver com outro homem. Esses foram alguns casos que enfrentei em meu ministério – e agora um colega pastor trouxe a tragédia para perto demais da minha zona de conforto.

De qualquer modo, exausto por passar quem sabe quantas noites sem dormir, agonizando por sua família já sobrecarregada devido a uma filhinha severamente autista e quase nunca alerta devido à forte medicação que tomava, Steve foi à garagem e deu fim à sua vida com envenenamento por gás carbono. Sua esposa pediu que eu pregasse no culto fúnebre.

Steve era pastor bem conhecido de uma igreja respeitada no centro da cidade, e parecia que todo mundo tinha uma teoria teológica quanto ao porque ele fez o que fez e onde ele acabaria na eternidade como resultado disso. Alguns comentaram à imprensa que, segundo seu entendimento do suicídio, Steve seria condenado eternamente. No meio desse palavrório todo veio à minha mente a história de Jó, e foi essa história que contei naquele dia confuso do enterro de Steve.

O suicídio é o ato supremo do desespero. Encontramo-nos repletos das mais variadas emoções – pena, tristeza, raiva, perplexidade, ressentimentos – e perguntamos como foi possível que as coisas chegassem a esse ponto. Questionamos como alguém que cria e pregava a suficiência da Palavra de Deus e sua graça em meio às muitas tribulações da vida pôde nos deixar desse jeito em uma tarde de verão. Indagamos: "Se o evangelho não bastou para ele, será que pode ser o suficiente para mim? O que acontece quando o cristianismo não dá certo?"

Nossa cultura passou a valorizar somente aquilo que é prático, *que dá certo*. Toda convicção, toda ideia, é avaliada em termos de sua utilidade: *Isso ajuda na criação de meus filhos? Vai construir um casamento bem sucedido? Ajuda a viver uma vida saudável?* Quando uma ideia ou convicção não tem bons resultados, é fácil mudar de produto. Frequentemente, as pessoas vêm a Cristo com promessas de "vitória em Jesus". Pessoas sorridentes contam como eram tristes, mas hoje estão transbordando de alegria. Os casamentos fracassados se endireitam, filhos transviados voltam para o bom caminho estreito, e a depressão desaparece.

É claro que o triunfalismo ingênuo não era a mensagem de Steve. Ele não via o cristianismo como resposta para todos os problemas nem adorava a Jesus como um "conserta tudo", mas como amigo dos pecadores, redentor, pastor de seu rebanho. Sabia que existia um problema mais profundo enfrentado por nós, criaturas caídas. Não descartava os desafios terrenos como irrelevantes ou triviais – ele os enxergava na perspectiva correta da eternidade. Mesmo que a vida esteja desmoronando, Deus continua sendo Deus, os *seus* propósitos não falham, e ele provou isso ressuscitando o filho da morte. Ainda que o cristianismo não tenha resposta para todo problema desta vida, com certeza a perspectiva da eternidade nos ajuda a lidar com essas dificuldades.

Ficamos a perguntar: Então, por que meu pai, irmão, marido, amigo e pastor tirou sua própria vida?

O DRAMA ANTIGO

Jó foi um homem profundamente dedicado a Deus. Tão zeloso era por sua família que sempre que eles iam embora depois das muitas visitas de volta ao lar, Jó oferecia sacrifícios em favor deles, pela viajem de retorno. Satanás ralhou com Deus por sua fidelidade. "Por que ele não seria fiel? Afinal de contas, ele tem uma vida encantada! É feliz, rico, sábio, todos da casa vivem bem – a família ideal de um cartão postal de Norman Rockwell".[1] Então, Deus permitiu que Satanás pusesse Jó à prova. Não há como nos esquivar dos fatos desse caso: Deus não somente *sabia antecipadamente* da provação de Satanás como também *a sancionou* (Jó 1.6-12). Através desta história fica claro que Satanás não teria acesso a Jó se Deus não o tivesse permitido.

No dia seguinte, foi um desastre após outro, e da noite para o dia, Jó perdeu tudo quanto lhe era precioso. No entanto, ele respondeu: "Saí nu do ventre de minha mãe e nu partirei. O Senhor o deu, o Senhor o levou; louvado seja o nome do Senhor!" (Jó 1.21 NVI). Jó se recusou a acusar Deus de ter feito mal.

Novamente foi Satanás insultar a Deus: "Estende a tua mão e fere a sua carne e os seus ossos, e com certeza ele te amaldiçoará na tua face" (Jó 2.5). O corpo de Jó ficou fustigado pela dor das feridas, a ponto de sua própria mulher dizer: "Amaldiçoe a Deus e morre!" Mas ele ainda respondeu: "Você fala como uma insensata. Aceitaremos o bem dado por Deus, e não o mal?" (Jó 2.9-10 NVI).

Nessa altura, entram os famosos conselheiros de Jó. No começo eles respondem bem, passando a semana simplesmente assentados ali com ele,

---

[1] Nota da tradutora: Artista norte-americano cujos quadros mostravam pessoas comuns em uma vida sempre positiva.

recusando dizer alguma coisa porque enxergam o quanto ele está sofrendo. O que ele precisa é de amigos, não uma torrente de discursos. Eles ouvem o clamor de desespero quando Jó amaldiçoa o dia em que nasceu. Uma profunda nuvem negra de depressão caiu sobre Jó e ele só podia lamentar ter nascido.

Mas então, eles começam a expressar as suas opiniões sobre aquilo que está acontecendo na vida de Jó. Elifaz lidera dizendo-lhe: "Pense bem! Você ensinou a tantos; fortaleceu mãos fracas. Suas palavras davam firmeza aos que tropeçavam; você fortaleceu joelhos vacilantes. Mas agora que se vê em dificuldade, você desanima; quando você é atingido, fica prostrado. Sua vida piedosa não lhe inspira confiança? E o seu procedimento irrepreensível não lhe dá esperança?" (Jó 4.3-6 NVI). Esta é a religião do homem (e da mulher) natural. Por natureza acreditamos que somos basicamente pessoas boas que de vez em quando fazem coisas ruins. No final o peso do bem é maior do que o do mal e as pessoas recebem o que vem a elas. É assim que nossa razão natural avalia as coisas. Há alguns anos, o rabino Harry Kushner, após perder o filho, escreveu *Quando coisas más acontecem a pessoas boas*, em que presume que a maioria de nós merece mais do que recebemos, porque somos basicamente boa gente.

Elifaz acrescenta: "Reflita agora: Qual foi o inocente que chegou a perecer? Onde os íntegros sofreram destruição? Pelo que tenho observado, quem cultiva o mal e semeia maldade, isso também colherá" (Jó 4.7-8 NVI). Isso também faz sentido: "Os bons ganham em primeiro lugar". "Enganadores jamais prosperam".

Elifaz é rápido em voltar à sua teologia básica, estimulando Jó a aceitar a disciplina de Deus com a confiança de que tudo vai dar certo, como sempre acontece com as pessoas que apenas creem e observam os preceitos de Deus (5.17-27). As riquezas serão restauradas, voltará a saúde, e Jó e seus amigos darão risada de tudo isso nos anos vindouros. As respostas chegam facilmente – fácil demais para muitos de nós em tempos como esse.

A resposta de Jó é sincera: "Que esperança posso ter, se já não tenho forças? Como posso ter paciência, se não tenho futuro? Acaso tenho a força da pedra? Acaso a minha carne é de bronze?" (Jó 6.11-12 NVI). Como ele pode deixar de apresentar sua queixa ao mais alto tribunal? "Na aflição do meu espírito desabafarei, na amargura da minha alma farei as minhas queixas" (Jó 7.11 NVI). Essa não é uma aproximação do sofrimento de *aguentar calado*: é um cenário de tribunal, onde Jó insiste que seu pleito seja ouvido. Como todos nós, ele expressa sua frustração com a sua situação, que na verdade começa a coloca-lo em uma séria luta com Deus.

Jó detesta seu corpo outrora rijo e sadio, agora infestado de doenças: É melhor ser estrangulado e morrer do que sofrer assim. "Sinto desprezo pela minha vida! Não vou viver para sempre; deixa-me, pois meus dias não têm sentido" (7.15 NVI). Ele vira para Deus e implora respostas: "Nunca desviarás de mim o teu olhar? Nuna me deixarás a sós, nem por um instante? Se pequei, que mal te causei, ó tu que vigias os homens? Por que me tornaste teu alvo? Acaso tornei-me um fardo para ti? Por que não perdoas as minhas ofensas e não apagas os meus pecados? Pois logo me deitarei no pó; tu me procurarás, mas eu já não existirei" (Jó 7.19-21 NVI). Em face de tanto sofrimento, a ideia natural é achar que, de algum modo, Deus está nos castigando pelos nossos pecados. Porém, nós leitores do livro de Jó, estando no auditório desta peça, sabemos, pelo prólogo, que essa prova tinha outra origem. Como Jó, tiramos conclusões precipitadas, baseadas em informações limitadas, na tentativa de descobrir por que essas coisas estão acontecendo em nossa vida. Não temos acesso ao fichário de Deus, à sua câmara interior, e ele não nos diz diretamente por que as coisas acontecem. De qualquer modo, isso não impede que tiremos conclusões erradas. Onde, durante a aflição, muitas vezes, nós perguntamos onde Deus está e por que ele esconde seu rosto, o desespero de Jó aponta outro problema: Quando é que Deus vai parar de olhar *para ele* e passar a punir outra pessoa?

Nessa altura, entra Bildade, o suíta. Repetindo os mesmos erros de Elifaz, Bildade admoesta Jó a evitar o desepero: "Se você buscar a Deus com pureza e retidão, e implorar ao Senhor, ele vai fazer tudo dar certo" (8.5-6, paráfrase do autor), ele diz ao amigo sofredor. Como um tele-evangelista dos dias modernos, ele promete: "O seu começo parecerá modesto, mas o seu futuro será de grande prosperidade" (8.7 NVI). Bildade é bem-intencionado, mas também sofre de uma má teologia.

Mais uma vez, Jó responde com boa doutrina: "Bem sei que isso é verdade. Mas como pode o mortal ser justo diante de Deus?" (Jó 9.1-2 NVI). Jó retruca que Deus não faz barganha conosco como quem diz que o mais esforçado terá vida próspera. Antes, declara: "Quem pode retrucar com Deus?" Deus é soberano, "sábio de coração e grande em poder; quem porfiou com ele e teve paz?" (9.4). Ele domina sobre os planetas e as estrelas, como também sobre os afazeres dos homens (9.4-14). Porém, neste ponto, Jó ainda compartilha a teologia básica de seus amigos, mas protesta sua inocência pessoal: "A ele, ainda que eu fosse justo, não lhe responderia; antes, ao meu Juiz pediria misericórdia" (9.15).

Destes versículos, fica claro que Jó está disposto a se lançar apenas com relutância sobre a misericórdia do tribunal – porque não tem como vencer: "Se se trata da força do poderoso, ele dirá: Eis-me aqui; se, de justiça: Quem me citará?" (9.19). Ele começa a perceber que compartilha com o resto da humanidade uma depravação que só aparece no radar quando comparada com Deus. Na fileira com outros mortais, Jó parece inocente. Mas comparado a Deus, "Ainda que eu seja justo, a minha boca me condenará; embora seja eu íntegro, ele me terá por culpado" (9.20). "Ainda assim todas as minhas dores me apavoram, porque bem sei que me não terás por inocente. Serei condenado; por que, pois, trabalho eu em vão? Ainda que me lave com água de neve e purifique as mãos com cáustico, mesmo assim me submergirás no lodo, e as minhas próprias vestes me abominarão. Porque ele não é homem, como eu, a quem eu responda, vindo juntamente a juízo" (9.28-32).

Aqui, duas coisas igualmente desagradáveis quanto ao dilema bem-estabelecido estão no debate histórico do problema do mal em sucinto resumo: qualquer que seja a resposta ao nosso sofrimento, Deus é soberano e justo. Respostas fáceis sacrificarão uma pela outra: ou Deus é Todo-Poderoso ou ele é bom, mas não pode ser as duas coisas. Jó recusa justificar-se às custas de Deus, pelo menos por agora. Ele conclui que, se Deus destruiu igualmente a ambos, o perverso e o piedoso, assim mesmo seria justificado em seus atos, pois não existe nenhum justo. Coisas ruins acontecem com gente ruim, mas não existem coisas ruins acontecendo com pessoas justas, porque não existe um justo sequer. Não há um justo, nem um sequer.

PROCURA-SE UM BOM ADVOGADO

Mesmo que Jó insista nada ter feito de errado para merecer o castigo direto de Deus nesta crise em particular (e sua avaliação aqui está correta), ele reconhece que não pode apelar para sua própria justiça. Nesta altura, Jó percebe o que necessita quando aparecer no tribunal de Deus: um bom advogado, defensor, mediador – "Não há entre nós árbitro que ponha a mão sobre nós ambos. Então, falarei sem o temer; do contrário, não estaria em mim... então, falarei sem o temer; do contrário, não estaria em mim" (Jó 9.33,35). Será que entendemos a distância entre essa abordagem do sofrimento centrada em Deus e as abordagens centradas no humano? Mesmo os maus teólogos que Jó contara como amigos falavam sobre o caso de Jó em termos de pecado e justiça, o que leva Jó a clamar por um mediador. O tribunal de julgamento é o ambiente dominante, tendo a Deus como juiz (e também num certo sentido, sendo Deus julgado). Se deixamos de ver a ligação entre o pecado e o sofrimento (mesmo que, com toda justiça, evitemos atribuir os sofrimentos específicos a castigos específicos por determinados pecados), nunca conseguimos pedir um bom advogado para fazer a mediação na disputa.

Como não vê um mediador se apresentar, Jó implora a Deus: "Não são poucos os meus dias? Cessa, pois, e deixa-me, para que por um pouco eu tome alento" (10.20). Quantas pessoas hoje em dia viram as costas para Deus por causa de uma calamidade sísmica em suas vidas? Para eles, o rosto de Deus não é um sorriso animado, mas uma ameaça agourenta. Em tais tribulações, é normal até mesmo para os filhos de Deus o querer se afastar, como o metalúrgico que por um momento se afasta da rajada da fornalha. Se Deus fosse bom e onipotente, com certeza ele poderia dar fim ao meu sofrimento em um só instante, arrazoamos.

Para Jó, a questão teológica está resolvida. Porém, a soberania e justiça de Deus não lhe dão alento suficiente. Somente na *misericórdia* de Deus é que ele encontra consolo – se apenas ele tivesse um mediador! Afinal de contas, o bom senso levaria a pessoa a concluir que se Deus é soberano e também justo, tais desastres tão extraordinários seriam sinais da desaprovação divina. É por isso que ele clama por um defensor, alguém que intervenha, que pleiteie sua causa perante o juiz. Se ele tivesse isso, diz Jó, poderia voltar-se para Deus. Poderia abraçá-lo em meio a todo esse sofrimento. Mas do jeito que as coisas estão, ele não pode, e queria que o próprio Deus se afastasse dele. Com certeza Deus pode ser justificado em seus caminhos: ele é onipotente e igualmente justo. "Deus está no controle" e "Deus é bom" são afirmações que ficam em seu lugar certo para responder na crise, mas sozinhos – afastados de alguém que media entre o Deus da glória que cega e o miserável pecador – essas afirmações apenas jogam sal na ferida. Não podem, por si somente, transformar em louvor o sofrimento de Jó. Na verdade, tais afirmações são apenas palavras de propaganda que tornam mais sofrida a situação de Jó.

Zofar sobe ao palco para oferecer seu conselho. Começa: "Ficarão sem resposta todas essas palavras? Irá confirmar-se o que esse tagarela diz? Sua conversa tola calará os homens? Ninguém o repreenderá por sua zombaria?" (Jó 11.2-3 NVI). Mas, é claro que Jó não está zombando. Ele diz a verdade sobre sua situação, algo que gente piedosa, às vezes, tem tendência de entender erradamente, como se fosse zombaria.

Em termos simples, Zofar está dizendo a Jó que ele deve se arrepender. Deus não pune injustamente, portanto, pare de esconder o seu pecado. *Desembuche*, Jó. Desista daquele pecado secreto em sua vida. "Então, levantarás o rosto sem mácula, estarás seguro e não temerás. Pois te esquecerás dos teus sofrimentos e deles só terás lembrança como de águas que passaram. A tua vida será mais clara que o meio-dia; ainda que lhe haja trevas, serão como a manhã" (Jó 11.15-17).

Devemos dizer que esse moralismo trivial é exatamente o que se encontra em alguns círculos cristãos hoje em dia. Porém, é tão antigo quanto a queda da humanidade no jardim do Éden. Vestimo-nos com folhas de figueiras, acreditando que nossa vergonha é coberta pelo abrigo de nossa justiça própria. Chavões para uma vida melhor são oferecidos em lugar das promessas do favor de Deus que não merecemos, e a resposta de Jó é compreensivelmente tão sarcástica quanto as acusações de seus conselheiros, quanto é reverente e confiante para com Deus:

> *Sem dúvida, vocês são o povo,*
> *e a sabedoria morrerá com vocês!*
> *Mas eu tenho a mesma capacidade*
> *de pensar que vocês têm;*
> *não sou inferior a vocês.*
> *Quem não sabe dessas coisas?*
>
> *Jó 12.2-3 NVI*

> *Mas desejo falar ao Todo-Poderoso*
> *e defender a minha causa*
> *diante de Deus.*
> *Vocês, porém, me difamam*

> com mentiras;
> todos vocês são médicos
> que de nada valem!
> Se tão-somente ficassem calados,
> mostrariam sabedoria...
> Vocês vão falar com maldade
> em nome de Deus?
> Vão falar enganosamente a favor dele?...
> Vão revelar parcialidade por ele?
> Vão defender a causa a favor de Deus?
> Tudo iria bem se ele os examinasse?
> Vocês conseguiriam enganá-lo,
> como podem enganar os homens?...
> O esplendor dele não os aterrorizaria?
> O pavor dele não cairia sobre vocês?
> As máximas que vocês citam
> são provérbios de cinza;
> suas defesas não passam de barro.
> Aquietem-se e deixem-me falar,
> e aconteça comigo o que acontecer...
> Embora ele me mate,
> ainda assim esperarei nele;
> certo é que defenderei
> os meus caminhos diante dele.
>
> Jó 13.3-5; 7-9; 11-13;15

Contrariando a avaliação de seus conselheiros, Jó demonstra notável piedade no meio dessa provação. Não é estoicismo, e sim, inabalável confiança em Deus *pelo próprio Deus*. A sua alma é regida pelo clamor: *soli Deo gloria* – somente a Deus a glória.

No entanto, Jó está assoberbado pela dor e pelo sofrimento. Ele não sequestra a glória de Deus à sua própria crise, embora não consiga deixar de proteger seu rosto daquela glória que, em sua própria fraqueza, só pode lhe parecer-lhe opressora. Quando ele expõe a Deus essas coisas, Elifaz deslancha em outro sermão: "Mas você sufoca a piedade e diminui a devoção a Deus" (15.4). Jó replica: "Já ouvi muitas palavras como essas. Pobres consoladores são vocês todos. Esses discursos inúteis nuca terminarão? E você, o que o leva a continuar discutindo?" (16.2-3 NVI). Mais importante, Jó não sabe o que fazer com o conforto de Deus em meio ao seu sofrimento: "Sem dúvida, ó Deus, tu me esgotaste as forças; deste fim a toda a minha família." (16.7 NVI) – desmantelando-o de todo conforto humano.

Porém, no meio de seu sofrimento, mais uma vez Jó procura um mediador, alguém que o represente na disputa e abrande a mão de Deus. "Já agora sabei que a minha testemunha está no céu, e, nas alturas, quem advoga a minha causa. Os meus amigos zombam de mim, mas os meus olhos se desfazem em lágrimas diante de Deus, para que ele mantenha o direito do homem contra o próprio Deus e o do filho do homem contra o seu próximo" (16.19-21). Jó apela ao mediador que não é menos que o próprio Deus, e assim mesmo, pleiteará sua causa "como quem defende a causa de um amigo".

Enquanto derrama seu lamento pelo sofrimento terreno, Jó consegue encontrar a janela de onde enxerga sua esperança. Não é a vista de saúde renovada, recuperação das riquezas, ou redescobrimento da felicidade. É a vista de algo muito mais precioso no meio de toda sua angústia: "Eu sei que o meu Redentor vive, e que no fim se levantará sobre a terra. E depois que o meu corpo estiver destruído e sem carne, verei a Deus. Eu o verei com os meus próprios olhos; eu mesmo, e não outros! Como anseia no meu peito o coração!" (19.25-27). Além de ser essa uma referência bem clara ao mediador no céu que um dia ficará em pé sobre a terra, o que impressiona aqui é que a esperança de Jó para o futuro *não* está na libertação da sua alma de seu corpo.

Ainda que atormentado por sua condição física, a sua confiança é que nessa sua própria carne decrépita, ele verá a Deus. A referência ao mediador apresenta as únicas notas de esperança numa história que de outro jeito é bastante desalentadora. Lembramo-nos de Efésios 2.1-5 que começa com a notícia de que estávamos "todos mortos em nossos delitos e pecados" e "éramos por natureza filhos da ira", mas há uma transição: "Mas Deus, sendo rico em misericórdia...". É esse "Mas Deus..." que sempre faz a diferença, especialmente quando ligada à misericórdia de Deus. Jó não é consolado por chavões que fingem conhecer Deus e como o mundo funciona tão bem, ou por apelos abstratos à justiça e soberania de Deus, mas sim, pela esperança concreta da Páscoa após a Sexta-feira Santa.

Não intimidados pelas repreensões de Jó, os amigos continuam suas acusações. O jovem Eliú "indignou-se muito contra Jó, porque este se justificava a si mesmo diante de Deus. Também se indignou contra os três amigos, pois não encontraram meios de refutar a Jó, e mesmo assim o tinham condenado" (32.2-3 NVI). Esse homem desafia a aparente autojustiça. Embora Jó proclame a soberania e justiça de Deus, suas falas procuram tanto se livrar de qualquer culpa, que a soberania de Deus é reduzida a força bruta e a justiça de Deus a mero capricho. A longa fala de Eliú reafirma a ambas (Jó 32-37). Ele repreende a Jó por dizer que embora esteja certo, Deus não quer ouvir sua causa. Diz a ele que todos nós temos de sofrer como parte da maldição comum, no entanto:

> *Se com ele houver um anjo intercessor,*
> *um dos milhares,*
> *para declarar ao homem o que lhe convém,*
> *então, Deus terá misericórdia dele e dirá ao anjo:*
> *Redime-o, para que não desça à cova;*
> *achei resgate.*
> *Sua carne se robustecerá*

> *com o vigor da sua infância,*
> *e ele tornará aos dias da sua juventude.*
> *Deveras orará a Deus, que lhe será propício;*
> *ele, com júbilo, verá a face de Deus,*
> *e este lhe restituirá a sua justiça.*
> *Cantará diante dos homens e dirá:*
> *Pequei, perverti o direito*
> *e não fui punido segundo merecia.*
> *Deus redimiu a minha alma*
> *de ir para a cova;*
> *e a minha vida verá a luz.*
>
> Jó 33.23-28

Eliú destaca corretamente que o tempo todo Jó não tem sido paciente nem coerente ao sustentar tanto a majestosa soberania quanto a justa bondade de Deus. Embora Deus não estivesse punindo a Jó por algum pecado específico, como pecadores caídos, o sofrimento faz parte de nossa porção. Ninguém pode dizer: "Sou inocente. Não mereço estar passando por isso". Por esta razão, temos de parar de confiar em nossa própria justiça para confiarmos no mediador que anuncia no tribunal ter encontrado um resgate que nos livre da destruição final.

Somente isso – e não os chavões inspirativos –pode realmente levantar nosso semblante. De acordo com Eliú, o que Jó deveria dizer é "Pequei e torci o que era certo, mas ele não me deu o que eu merecia. Ele resgatou a minha alma, impedindo-me de descer à cova, e viverei para desfrutar a luz" (33.27-28). Jó havia lutado nessa direção em sua confissão de fé anterior no redentor que o levantará da morte, mas Eliú o pressiona até aquele estado onde ele para de se justificar e aceita sua situação conosco, os demais pecadores, que não tem outra contestação senão a Cristo. Muito do que Deus declara quanto a si mesmo substancia os comentários de Eliú.

A VOZ DE CIMA

Depois que Jó e seus amigos terminam os seus sermões, Deus finalmente fala e defende a si mesmo. De dentro do redemoinho, ele responde a Jó: "Quem é este que obscurece o meu conselho com palavras sem conhecimento? Prepare-se como simples homem; vou fazer-lhe perguntas, e você me responderá. Onde você estava quando lancei os alicerces da terra? Responda-me, se é que você sabe tanto" (38.2-4 NVI). Depois de ouvir uma litania de atos divinos que ilustram sua sabedoria e seu poder sobre o universo, Deus fecha a boca de Jó e de seus bem-intencionados amigos. Todos eles têm argumentado com base em sua experiência e bom senso. Todos eles operam sob a presunção de que conseguem ler a mente de Deus sobre a superfície dos eventos.

Como é fácil fazer isso quando o sofrimento nos ataca ou vem a nossos queridos! Imediatamente investimos na racionalização do propósito por trás de tudo. Porém, Deus recusa ser calculado nessas questões – seu conselho é escondido de nós mortais. Deus lhes pergunta:

> *Acaso você fará dele um bichinho de estimação, como se fosse um passarinho, ou por-lhe uma coleira para dá-lo às suas filhas?... Esperar vencê-lo é ilusão; apenas vê-lo já é assustador. Ninguém é suficientemente corajoso para despertá-lo. Quem então será capaz de resistir a mim? Quem primeiro me deu alguma coisa, que eu lhe deva pagar? Tudo o que há debaixo dos céus me pertence (41.5, 9-11 NVI).*

Depois da defesa feita por Deus, Jó não tem desculpas. Deus lembra-lhe, como lembra a todos nós, que só porque não temos todas as respostas não quer dizer que não existam respostas. Os amigos de Jó tinham respostas para tudo: seu sofrimento era resultado de seu pecado, ou de seu fracasso em requerer a vitória sobre as circunstâncias. Recusando comprar a "justiça pelas obras", bem como os chavões ocos dos seus amigos, Jó tornou-se existencialista, preferindo nenhuma resposta às respostas erradas. Deus era soberano e justo, mas no abstrato, concluiu ele. Em sua experiência concreta, Deus era alguém a ser evitado. Muito semelhante a Jean-Paul Sartre, após o desespero de duas guerras mundiais, Jó concluiu que talvez o suicídio fosse melhor do que aguentar seu sofrimento. Muitas e muitas vezes, ele pede a Deus que acabe com sua vida.

Para aqueles de nós que estamos amarrados aos altos mastros do sofrimento, muitas vezes há um medo maior do que o medo da morte. É o medo de viver. É o temor da manhã seguinte, e da manhã depois dela. Em face de profundo desespero, é grande a tentação de nos desviarmos de Deus porque de alguma forma o sofrimento está ligado à sua ira contra pecados pessoais, ao invés de nos voltarmos para ele por saber que estamos em paz com Deus. É por essa razão que Jó disse que voltaria para Deus na situação se *apenas tivesse um mediador, um advogado* entre ele e Deus. Gradualmente, ele vem a ter confiança ainda maior em Deus. Essa confissão merece ser repetida: "Saibam que agora mesmo a minha testemunha está nos céus; nas alturas está o meu advogado. O meu intercessor é meu amigo, quando diante de Deus correm lágrimas dos meus olhos; ele defende a causa do homem perante Deus, como quem defende a causa de um amigo" (16.19-21 NVI).

Não importa o que está errado em nossa vida, recebemos convicção inabalável de que nossa testemunha de defesa está no céu. Sabemos que Cristo é nosso intercessor, um amigo a quem podemos derramar nossas lágrimas diante de Deus. Sabemos que Jesus, nosso irmão mais velho, pleiteia a nosso favor como um homem pleiteia por seu amigo. Conhecemos o desespero de Paulo sobre seu pecado: "Porque não faço o bem que prefiro, mas o mal que não quero, esse faço... Desventurado homem que sou! Quem me livrará do corpo desta morte?" (Romanos 7.19, 24). Porém, como Jó e com o apóstolo Paulo, conhecemos a resposta a essa pergunta: "Graças a Deus por Jesus Cristo, nosso Senhor... Agora, pois, já nenhuma condenação há para os que estão em Cristo Jesus" (Rm 7.25; 8.1).

DE QUE VALE O SENSO COMUM?

A visão comum do que seja bom senso preocupava o salmista tanto quanto preocupou a Jó:

> Com efeito, Deus é bom para com Israel,
> para com os de coração limpo.
> Quanto a mim, porém, quase me resvalaram os pés;
> pouco faltou para que se desviassem os meus passos.
> Pois eu invejava os arrogantes,
> ao ver a prosperidade dos perversos.
> Para eles não há preocupações,
> *o seu corpo é sadio e nédio.*
> Não partilham das canseiras dos mortais,
> *nem são afligidos como os outros homens.*
> *Daí, a soberba que os cinge como um colar,*
> *e a violência que os envolve como manto.*
> Os olhos saltam-lhes da gordura;
> *do coração brotam-lhes fantasias.*
> *Motejam e falam maliciosamente;*
> *da opressão falam com altivez.*
> Contra os céus desandam a boca,
> e a sua língua percorre a terra.
> *Por isso, o seu povo se volta para eles*
> *e os tem por fonte de que bebe a largos sorvos.*
> *E diz: Como sabe Deus?*
> *Acaso, há conhecimento no Altíssimo?*
> *Eis que são estes os ímpios;*
> *e, sempre tranqüilos, aumentam suas riquezas.*

> Com efeito, inutilmente conservei puro o coração
> e lavei as mãos na inocência.
> Pois de contínuo sou afligido e cada manhã, castigado.
>
> Salmo 73.1-14 [ênfase acrescentada]

É esse o testemunho do bom senso, da nossa própria experiência. Porém, a confusão do salmista é respondida pela sabedoria do próprio Deus:

> *Em só refletir para compreender isso,*
> *achei mui pesada tarefa para mim;*
> até que entrei no santuário de Deus
> e atinei com o fim deles.
> *Tu certamente os pões em lugares escorregadios*
> *e os fazes cair na destruição.*
> *Como ficam de súbito assolados,*
> *totalmente aniquilados de terror!*
> *Como ao sonho, quando se acorda,*
> *assim, ó Senhor, ao despertares,*
> *desprezarás a imagem deles.*
> *Quando o coração se me amargou*
> *e as entranhas se me comoveram,*
> *eu estava embrutecido e ignorante;*
> *era como um irracional à tua presença.*
> *Todavia, estou sempre contigo,*
> *tu me seguras pela minha mão direita.*
> *Tu me guias com o teu conselho*
> *e depois me recebes na glória.*
> Quem mais tenho eu no céu?
> Não há outro em quem eu me compraza na terra.

> Ainda que a minha carne e o meu coração desfaleçam,
> Deus é a fortaleza do meu coração
> e a minha herança para sempre.
>
> Salmo 73.16-26 [ênfase acrescentada]

Saindo da escuridão dos caminhos misteriosos de Deus na providência, o salmista entra no santuário da palavra revelada de Deus e reconhece que, embora a providência pareça favorecer o ímpio e desvalorizar os santos que confiam em Deus, no final de tudo a justiça será feita. O que acontece aqui na terra não é a história toda.

Isso me ajudou muito quando eu refletia na desigualdade entre a vida de cuidado que meus pais deram e o tipo peculiar de agonia que eles experimentaram. A mão da providência nos é escondida. Realmente não conseguimos ler o sorriso ou a censura de Deus pelas circunstâncias de nossa vida. Os caminhos de Deus não podem ser simplesmente esquadrinhados. Deixemos que Deus seja Deus!

NOSSA FÉ NÃO É UMA TRAPAÇA

O cristianismo não é verdade porque dá certo. Em muitos casos, não "dá certo". Ou seja, não soluciona todos os problemas que achamos que deveriam ser resolvidos. Não é uma técnica para nossa terapia pessoal, mas a verdade que Deus venceu o pecado e a morte pela cruz e ressurreição de Jesus Cristo. Aqueles que se tornaram cristãos porque alguém lhes disse que isso consertaria seu casamento, e se encontram na tribuna do divórcio, poderão até desistir do cristianismo. Aqueles que esperavam libertar-se de todos seus hábitos, tentações e desejos pecaminosos depois que se converteram, porque uma vitória repentina lhes foi prometida, poderão encontrar-se totalmente desiludidos com Deus quando perceberem que ainda são apenas pecadores salvos pela graça.

Naquele difícil funeral de um pastor, amigo, pai e irmão em Cristo que deu cabo de sua vida sofrida, muitas pessoas perguntavam, mesmo em viva voz: "Se o cristianismo não deu certo para uma pessoa como o Steve, como é que posso esperar que dê certo para mim?" Essa é uma pergunta honesta, uma pergunta compreensível. Mas pressupõe que o cristianismo *endireite tudo*. O cristianismo não conserta tudo, pelo menos não aqui e agora. Promete, sim, que tudo será resolvido no final da história, mas em nossa experiência no deserto, estamos peregrinando até a Cidade Santa. Alguns peregrinos encontrarão muito mais dificuldades do que voltar para o Egito na descrença. Steve não foi um daqueles peregrinos que voltou para o Egito. Outros suportarão sua sina o melhor que puderem. Steve e sua esposa foram torres de força para mim em minha própria peregrinação, quando eu os observava enfrentando desastres um após outro e voltando-se constantemente, vez após vez, para Deus e suas promessas de graça.

Mas Steve foi um peregrino para quem a caminhada para a cidade eterna acabou sendo tão pesada que ele procurou um atalho. Junto com sua esposa piedosa, ele "ansiava por uma pátria melhor" (Hebreus 11.16 NVI), mas não estava disposto a esperar mais. Não aceitou o tempo de Deus – contudo, assim mesmo, ele encontrou um mediador que intercedeu por ele à destra do Pai. Ele (assim como nós receberemos) receberá o prêmio que aguardava, mesmo em sua fraqueza.

Não estamos em situação melhor que Jó para levar Deus ao tribunal, nem por nossas provações pessoais, nem por aquelas que experimentamos coletivamente como gente de determinado tempo e lugar. Quer estejamos enfrentando tragédias em nossas famílias, quer observando, impotentes, as torres gêmeas de Nova York, fervilhantes de cidadãos como nós. Deus não nos prometeu saúde, riqueza e felicidade. De fato, ele diz a nós, que esperamos compartilhar da glória de Cristo, que também participaremos em seus sofrimentos – não apenas sofrimento em geral, mas uma provação especial em solidariedade a Cristo (Romanos 8.17). A boa nova que proclamamos é verdade, não porque ela dá certo para as pessoas na visão pragmática e utilitarista, mas porque a quase dois mil anos, na periferia da cidade de Jerusalém, o Filho de Deus foi crucificado por nossos pecados e ressurgiu para nossa justificação. Este evento histórico talvez não conserte nosso casamento, nossos relacionamentos, nossas vidas confusas, do jeito que queríamos nem no tempo que queríamos, mas nos salva da ira vindoura de Deus e nos dá nova vida, esperança e sabedoria para nossa vida aqui e agora, garantindo que no fim a dor cessará por completo. Com certeza, à vista disso, tudo mais empalidece – não é insignificante, mas é de importância secundária diante da grande questão: "ao ser humano está ordenado morrer uma só vez, e depois disto, o juízo" (Hebreus 9.27, tradução do autor).

A justiça perfeita que Deus requer de nós só foi possuída por um ser humano, o redentor a quem Jó e Paulo e todos os outros santos têm buscado como abrigo da morte e do inferno. No momento que confiamos em Jesus, renunciando nossas próprias reivindicações de santidade e aceitabilidade, retirando as folhas de figo de nossa própria confecção, Deus nos veste no manto da justiça de Cristo. Pela vida de obediência de Cristo, por sua morte sacrifical e sua triunfante ressurreição, somos aceitos pelo Pai, tornados seus herdeiros, é-nos dado seu Espírito Santo e prometida a ressurreição de nosso próprio corpo mortal.

Isso significa que é seguro olharmos novamente para Deus. Como disse Jó que se apenas tivesse um advogado, ele poderia erguer os olhos a Deus em seu sofrimento, assim também todos nós podemos chorar no ombro do Pai em nossas tardes penosas, pois não temos o que temer. Não é a sua ira que nos manda dor e sofrimento se pertencemos a ele, porque ele intervém sobre os desígnios de Satanás e transforma até mesmo o pecado e a maldade em mensageiros de sua graça. Mesmo que não vejamos seu projeto em nossa própria vida ou nas grandes tragédias da história, temos confiança nos propósitos de Deus, porque vemos, sim, o propósito óbvio revelado na maior injustiça perpetrada pela humanidade: a crucifação do Senhor da glória. Como Jó em sua aflição, e Estêvão em seu martírio, podemos enfrentar até mesmo a morte com confiança: "Eis que vejo os céus abertos e o Filho do Homem, em pé à destra de Deus" (Atos 7.56).

Embora Jó estivesse certo em reconhecer que não estava em situação para julgar a Deus, é o caso que Deus mesmo é representado nesse livro surpreendente como quem se colocou exatamente nessa situação. De fato, a provação de Jó é simplesmente "uma peça de teatro dentro de uma peça", uma sub-trama dentro da trama maior do julgamento cósmico entre Satanás e o Deus trino da história. Entretecida a toda a história de Israel e dos santos está aqui a trama das duas sementes: a semente da mulher e a semente da serpente, a linhagem da promessa da aliança que daria o Messias e os "principados e poderes" desta presente época do mal, ambos lutando para produzir dois planos antitéticos para este mundo. As provações de Jó ocorrem dentro desse tribunal maior em que Satanás ainda procura seduzir o júri a crer que Deus não é bom suficiente nem poderoso suficiente para exigir sua reverência.

Contudo, Deus triunfa porque *existe* um Redentor, um mediador que pisou a cabeça da serpente e após banir o pecado de sua presença para sempre, endireitará todos os males e fará novas todas as coisas. As nossas provações jamais serão incorporadas às Escrituras canônicas, mas podem também participar desse julgamento cósmico, onde Deus se inclina até nosso nível, permitindo que ele seja processado diante do tribunal da história. É para essa história surpreendente que nos voltamos em seguida.

Capítulo 8

UMA NOVA CRIAÇÃO

Maureen O'Hara e Walter Truett Anderson destacaram, a mais de uma década, a crescente suspeita de que a indústria terapêutica estivesse em maus lençóis. Com base em sua própria experiência como psicoterapeuta de San Diego, O'Hara apresenta-nos alguns de seus pacientes. (Os nomes foram mudados).

> Jerry se sente esmagado, ansioso, fragmentado e confuso. Discorda das pessoas com as quais antes concordava, e se alinha àquelas que antes eram motivo de discussão acirrada. Questiona seu próprio senso de realidade, e pergunta com frequência o que isso tudo significa. Tem tido toda espécie de experiência de crescimento: Gestalt, volta ao nascimento, análise Jungiana, respiração holotrópica, bioenergética, "Um curso de milagres", grupos de doze passos de recuperação, meditação zen, hipnose *Ericksoniana*. Já esteve em "pousadas de suor", ao *ashram* Rajneesh em Poona, na Índia, no festival *Wicca*, em Devon. Está fazendo análise novamente, desta vez com um psicólogo do eu. Embora

esteja procurando sem fim as ideias e experiências novas, fica dizendo que quer simplificar sua vida. Fala de comprar terra (longe de tudo) no Oregon. Amou *Dançando com Lobos*. Jerry é parecido com tantos outros profissionais cultos que procuram a psicoterapia hoje em dia. Mas não é o cliente típico. Jerry é um psicoterapeuta bem-sucedido.[1]

E então, temos Beverly, que vem para a terapia: dividida entre dois estilos de vida e duas identidades. Na cidade californiana onde frequenta a universidade, ela é feminista radical. Em visitas que faz à sua cidade natal no meio-oeste, é uma moça conservadora agradável, meiga, quadrada. O terapeuta pergunta quando ela se sente mais ela mesma. Ela responde: "Quando estou no avião".

Essas pessoas, escreve O'Hara e Anderson, "são consumidoras no grande mercado das realidades em que se transformou o mundo ocidental contemporâneo: aqui uma religião, ali uma ideologia, mais adiante um estilo de vida diferente".[2]

O psicólogo Robert Jay Lifton rotulou esse difundido anseio por identidades sempre novas de "estilo proteano", do mito grego de Proteu, que constantemente muda de forma para fugir de ser capturado. Antigamente, ter personalidades múltiplas era chamado de transtorno ou doença, diz Lifton, mas hoje, é uma característica comum do ser pós-moderno.[3] Observo que uma rede de vendas de moda adotou recentemente o *slogan* "Reinvente-se". Essa "paixão por renascer", diz Lifton, pelo menos em parte, é alimentada pelo insistente senso de culpa que jamais é confrontado. Todo mundo deseja ser algo ou alguém diferente, uma nova criatura – mas sob seus próprios termos.

Isso não pode deixar de pedir por uma série viciosa e no final insatisfatória de "renascimentos", exatamente porque todos ocorrem, como

---

1 Maureen O'Hara e Walter Truett Anderson, "Psychotherapy's Own Identity Crisis," em *The Truth about the Truth: De-confusing and Re-constructing the Postmodern World*, ed. Walter Truett Anderson (New York: Putnam, 1995), 170.
2 Ibid.
3 Ver, de Robert Jay Lifton, "The Protean Style," em *The Truth about the Truth*, 130 – 35

disse o autor de Eclesiastes, "debaixo do sol" (Eclesiastes 1.3), sem qualquer significado que penetre de fora da teia de possibilidades cotidianas deste mundo. "Vaidade de vaidades, diz o Pregador; vaidade de vaidades, tudo é vaidade" (Eclesiastes 1.2). Quem disse isso era alguém que tinha tudo. Nossa sede por perpétua autotransformação é gerada, em grande parte, pela cultura do mercado. Vemos propaganda de pessoas que são como gostaríamos de ser, com vidas que gostaríamos de viver, e vendo-se com a imagem que queriam projetar si mesmas. No entanto, a verdade é que nossos corpos estão envelhecendo, nosso carisma está desvanecendo; nossa mente se esquece e é demasiadamente distraída por aquilo que é trivial e urgente. Nossas almas são tão magras que nem imaginamos o que seja glorificar a Deus e gozá-lo para sempre.

Em tudo isso, vivemos no redemoinho da *feira das vaidades*, esperando que algo novo apareça em nossa vida para mudar tudo. Assistimos os fogos de artifício, olhamos uns para os outros e indagamos se isso é tudo que existe para preencher nossa vida. Essa era que desvanece, com suas falsas promessas e garantias de "seu dinheiro de volta", transformação, luxúrias insignificantes, e diversões contínuas que na verdade são o "ópio do povo" – não a fé bíblica. O carnaval nos anestesia quanto à realidade da Quaresma, mas é a Quaresma que nos conduz à Páscoa! Noutras palavras, a vaidade de nossa cultura nos distrai da vida em sua plenitude, embalando-nos em uma superstição infantil de que tudo vai bem e o futuro é benigno. Somos uma tela vazia, pintando sobre nós mesmos cenário diferente num esforço para não sermos a pessoa da canção dos Beatles: "Nowhere man, living in nowhere land, making all his nowhere plans for nobody" (Homem nenhum, vivendo em lugar nenhum, fazendo todos os seus planos de nada para ninguém).

Não é isso que temos a tendência de pensar que somos. Não é o que os evangelistas da tranquilidade dizem que somos; mas é exatamente isso que sabemos que somos, quando se acendem as luzes. Niilismo é o nome que damos ao fenômeno. Literalmente, significa "ser nada". O niilismo não é resignação à sua sina trágica (eu sou um João ninguém), mas a heróica coragem de dominar isso. Não existe ponto de referência transcendente para a verdade, dizia Nietzsche – "a verdade não se descobre: ela é feita".

Pelo menos a visão nietscheniana do niilismo era rebelde. Havia alguma vida nela. Ouse ser mestre do mundo! Na década de 1960, por exemplo, muitos jovens buscavam exatamente isso, abraçando a independência dionisiana de todas as convenções sociais e até mesmo as reivindicações de verdade e moralidade última. Assim, provavelmente não é certo chamar a versão de Nietzsche do ateísmo de "niilismo", porque ele dizia não existir *nenhuma coisa* em que se crer, mas se crermos em nós mesmos seremos capazes de criar a verdade e a realidade, não apenas verdade e realidade pessoal como também para todos os demais. Vencem os mestres.

Hoje, porém, muitos jovens *são* verdadeiros niilistas. Se para Nietzsche a verdade não era descoberta e sim feita por nós, para muitos hoje, a verdade nem é feita, mas usada passivamente, como se usa um vestido adotado da cultura popular. Não realmente felizes, mas também não destituídos – na verdade, até mesmo mimados – muitos de nós nos encostamos na poltrona e deixamos que os mestres nietschnianos de gerações anteriores nos divirtam, alimentando-nos com suas imagens da verdade, do bom e do belo. Niilismo é ter duzentos canais de televisão entre os quais escolher e a vida como uma farta e perpétua mesa de bufê onde a escolha é em si mesma a finalidade. Esquecemo-nos o que e por que estamos escolhendo. Estamos comandando, mas dominando uma vida onde parece faltar qualquer sentido definido de propósito ou destino. Assim, as pessoas conformam seus corpos aos de revistas de moda, suas almas aos modismos de autoajuda, e voltam então, para o anonimato suburbano de começar tudo de novo no dia seguinte. Essa busca inquieta, temerária, dionisiana de transformações físicas e espirituais é em si mesma uma forma de sofrimento. No final, os mestres se tornam escravos.

A essa cultura, liderada por incansáveis mudanças instantâneas, a luz do evangelho vem proclamando que alguma coisa aconteceu fora de nós, na história — uma interrupção divina que realmente inaugurou um mundo novo (Apocalipse 21.5). O Espírito Santo foi enviado pelo Pai e pelo Filho, que está assentado vitorioso à destra do Pai, para tornar autenticamente novas todas as coisas de dentro para fora. Mesmo agora, a consumação futura está penetrando "este mundo perverso" (Gálatas 1.4), operando como fermento em um monte de massa (ver Mateus 13.33; Lucas 13.21). Ele não promete um *você* melhor, um estilo ou uma "cara" ou imagem mais na moda, mas uma autêntica nova criatura.

Essa nova criação é obra de Deus. É a única verdadeira esperança para a humanidade. Aqui, passarei a indicar, em traços largos, o que Paulo tem a dizer sobre essa "nova criatura" no livro de Romanos.

DOIS ADÃOS (ROMANOS 5.12-21)

Depois de concluir, em Romanos 3.9-20, que o mundo inteiro jaz condenado pela lei escrita na pedra (como foi para os judeus do Antigo Testamento) ou pela lei escrita na consciência (como é o caso de todas as outras pessoas), Paulo então anuncia de Deus a livre justificação dos pecadores somente em Cristo, somente pela fé, pela graça somente (ver Romanos 3.21-31). Isso leva à abertura do quinto capítulo, com as seguintes palavras: "Tendo sido, pois, justificados pela fé, temos paz com Deus, por nosso Senhor Jesus Cristo". Aqui há verdadeira paz, verdadeiro descanso, que não são principalmente sentimento (e portanto, não é alvo piedoso para ser alcançado apenas por alguns super-santos), porém, verdadeira mudança de *status* diante de Deus, um estado que passa de ser culpado para o de ser justificado diante de Deus. Esse estado é realmente possuído por até mesmo o crente mais fraco.

Este ponto é crucial. Especialmente em tempos de tribulações somos propensos a não sentir "esse sentimento caloroso e tranquilo". Acima de qualquer dificuldade que estejamos passando, temos ainda a preocupação adicional de que nossa experiência atual (ou a falta dela) demonstra de alguma forma que Deus não está conosco ou do nosso lado. É consolo imensurável em tais circunstâncias o conhecimento certo de que Deus nos reconciliou com ele mesmo, não obstante nossa temperatura espiritual. A paz de que fala Paulo depende do fato de que já fomos reconciliados com Deus pela morte de seu Filho (Romanos 5.10), justificados diante de Deus de uma vez para sempre, pela fé na obra de Cristo. Com certeza isso gera sentimentos e atos, mas essa paz com Deus descrita por Paulo repousa com segurança sobre a obra de Cristo por nós, fora de nós, na história. Não é apenas um *cessar de hostilidade* entre Deus e nós (ainda que inclua isso), mas a *presença da bênção e comunhão divina*. Nenhuma condição subjetiva de nosso coração, nenhuma dúvida em nossa mente, nem aflição de nosso corpo, poderá mudar o que, em Cristo, já foi feito por Deus, de uma vez para sempre.

Imediatamente após essa declaração, Paulo passa a falar sobre os dois Adãos e seus papéis como cabeças representativas de toda a humanidade. Estamos, cada um de nós, "em Adão" (e consequentemente, mortos espiritualmente, conforme 1Coríntios 15.22), ou "em Cristo" (e consequentemente, vivos espiritualmente, conforme Romanos 6.11). Além disso, nossa união com Adão ou com Cristo – estar "em Adão" ou "em Cristo" – é ambas as coisas: *federal e orgânica.*

Por federal, quero dizer que é *representativa e pactual.* Assim como Tomas Jefferson falou e agiu representando todos os norte-americanos, nascidos e ainda não nascidos, quando escreveu a Declaração de Independência dos Estados Unidos, assim também na criação, Deus designou Adão como representante para falar e agir em nome de toda a raça humana. Deus fez com que Adão fosse cabeça legal e pactual da raça humana. Quando Adão escolheu desobedecer a Deus, não agiu apenas por si mesmo e por sua família imediata, mas por todos os seus descendentes, todo ser humano. O juízo legal por Deus, resultado desse acontecimento, culpou a todos. "Pois assim como, por uma só ofensa, veio o juízo sobre todos os homens para condenação" (Romanos 5.18).

Mas essa união com Adão não é apenas questão de lei e ordem pactual – tem também seu aspecto orgânico. Como o galho da macieira faz parte da árvore que produz maçã e, consequentemente, partilha as forças e as fraquezas botânicas da árvore, assim nós, filhos de Adão, compartilhamos organicamente da sua corrupção. Como os seus herdeiros, a desobediência de Adão não somente é imputada a nós legalmente, como também a sua condição de caído é-nos imputada organicamente. As exigências de justiça da lei não são cumpridas pelos filhos de Adão, como também são ativamente suprimidas.

O contraste entre os que estão em Cristo não poderia ser maior. Em outro lugar, Paulo chama Cristo de "último Adão" para enfatizar que Cristo (e não o primeiro Adão) é a cabeça representativa de todos quantos creem (ver 1Coríntios 15.45-49). Da mesma maneira que sua ressurreição é a alvorada da glorificação futura de nossos corpos (ver Romanos 6.5; 1Coríntios 15.20-22; 35-56), assim também a vindicação de Cristo diante do Pai em sua ascensão triunfal assegura-nos nossa plena aceitação diante de Deus (ver 2Coríntios 5.14-21; Efésios 4.7-8): "Todavia, não é assim o dom gratuito como a ofensa; porque, se, pela ofensa de um só, morreram muitos, muito mais a graça de Deus e o dom pela graça de um só homem, Jesus Cristo, foram abundantes sobre muitos" (Romanos 5.15). O veredicto do último dia é entregue aqui e agora. Para nós, o dia do juízo é coisa resolvida.

Somos legalmente justificados em virtude da perfeita obediência de Cristo que foi a nós creditada (ver também 2Coríntios 5.21) e somos organicamente unidos a Cristo de modo que as metáforas mais relevantes feitas em todo o Novo Testamento são as da videira e seus ramos (João 15.1-8), a cabeça e o resto do corpo (Efésios 5.23; Colossenses 1.18; 2.19), o templo e suas contingentes "pedras vivas" (1Pedro 2.4-5), e assim por diante. As imagens orgânicas são seletas, primeiro, para ressaltar a solidariedade, a vida em comum, da cabeça e seus membros. Por meio da fé em Cristo, nós herdamos não somente a justificação legal de Cristo diante do trono de Deus, como também tornamo-nos ligados tão vitalmente a ele, pela obra misteriosa do Espírito, que a sua própria vida se torna fonte de transformação para as nossas vidas (ver Romanos 8.9-11; Gálatas 2.20). Vivemos porque ele vive. Alimentamo-nos de Cristo por meio da Palavra e dos Sacramentos enquanto os poderes do mundo do porvir rompem sobre essa presente era do mal.

É de extrema importância o fato de que nossa união pela fé em Cristo tenha aspectos federais e também orgânicos. É muito fácil separar a justificação da santificação, o veredicto legal da vida transformada, de maneira que acabe enfatizando um e excluindo o outro. Por um lado, podemos nos alegrar tanto na bênção do perdão de nossos pecados e nossa justificação diante de Deus que negligenciamos a realidade do novo nascimento que nos converte e nos "vira para o outro lado" (conforme implicam os vocábulos bíblicos para *conversão* e *arrependimento*). Por outro lado, podemos ficar tão sobrepujados pela grandeza da nossa conversão que nos agarramos a ela em vez de nos agarrar a Cristo, deixando de entender que nossa santificação, não menos que a nossa justificação, tem Cristo como origem. Muitas vezes, os programas de "vida cristã" separam esses dois aspectos da nossa união com Cristo, de maneira que os crentes acabam vivendo vidas esquizofrênicas, confiando na suficiência de Cristo para sua justificação, mas tentando alcançar a vitória sobre o pecado a partir de alguma outra fonte.

Há, porém, uma diferença chave entre eleição, expiação e justificação (a *realização* da nossa redenção) de um lado, e por outro lado, o novo nascimento, conversão, arrependimento e santificação (a *aplicação* de nossa redenção). Colocando de maneira um pouco diferente, existe uma diferença entre a obra de Cristo *por* nós e a sua obra *em* nós. A obra de Deus de eleger, reconciliar e justificar é perfeita e completa. Nada poderá ser acrescentado à obra perfeita de Cristo, nenhum trabalho é deixado incompleto. Nenhum esforço é poupado, nada falta que nós ainda precisaremos suprir. De fato, sugerir que consigamos acrescentar alguma coisa à redenção que Deus nos deu é insulto à grandíssima liberalidade que Deus teve em nos tornar seus filhos. Não podemos nos tornar mais escolhidos, perdoados ou justificados do que somos agora mesmo.

Contudo, a renovação de toda a criação (em uma escala cósmica) é um processo que está incompleto na presente era e nas nossas próprias vidas (em escala pessoal). Começa com a regeneração, a obra graciosa do Espírito mediante o evangelho, por meio do qual somos definitivamente, de uma vez para sempre, jamais a ser desfeito, tornados novas criaturas em Cristo, inseridos na vida eterna da era vindoura. No entanto, estamos sendo progressivamente conformados à imagem de Cristo. A santificação não acontece de repente. Por mais radical que tenha sido a conversão de alguns de nós, ela não acabou com a luta contra o pecado, mas apenas começamos essa luta. A vida é uma batalha constante, um morrer diário para o eu e um ressurgir em novidade de vida, um perpétuo arrependimento em face de fracassos e lutas contra o pecado.

Nossa preocupação na experiência cristã quer seja devida ao sofrimento físico quer à depressão espiritual, tem muito a ver com aquilo que se espera dessa "nova criatura". Quão nova é ela? Ás vezes o céu parece tão perto que eu poderia estender a mão e tocá-lo. Sinto força interior para lutar contra dúvida, pecado e tentações. Mas outras vezes, sinto não estar progredindo em nada, estou lutando com as mesmas questões que me prendiam antes do momento em que me tornei nova criatura. Muitas vezes, os teólogos se referem a isso como "já" e "ainda não", e tais categorias nos ajudam a compreender a argumentação de Paulo em Romanos 6 a 8.

JÁ (ROMANOS 6)

O que é verdadeiramente maravilhoso quanto a este trecho famoso da epístola de Paulo aos Romanos é como ele liga a justificação e santificação em termos de nossa união com Cristo. Correspondendo aos dois Adãos estão a morte em Adão e a vida em Cristo. Depois de observar que "onde abundou o pecado superabundou a graça" (Romanos 5.20), Paulo antecipa a pergunta: "Que diremos, pois? Permaneceremos no pecado, para que seja a graça mais abundante?" (Romanos 6.1).

Essas perguntas já obtiveram muitas respostas diferentes no aconselhamento pastoral, em sermões e na literatura cristã. Ás vezes a resposta parece ser: "Claro! Que grande arranjo: Deus gosta de perdoar e eu gosto de pecar!" Mas a maioria dos cristãos dá outra resposta, às vezes com ameaças: "Se você continuar vivendo em pecado, poderá perder a salvação", ou então: "você perderá os seus galardões" ou "vai tornar-se um crente carnal e assim deixará de viver a vida cristã vitoriosa".

Observe, no entanto, como Paulo replica: "De modo nenhum! Como viveremos ainda no pecado, nós os que para ele morremos?" (Romanos 6.2). A vitória sobre a tirania do pecado não é um alvo a ser atingido apenas por super-santos, mas já é a posição de cada crente que "foi batizado em sua morte" (6.3). Em outras palavras, todo crente é cristão vitorioso em termos do evangelho, embora nenhum crente seja tão vitorioso quanto implica o ensino comum de "vida cristã vitoriosa".

Primeiramente, aqui no capítulo 6, Paulo é bastante explícito quanto ao "já": "Fomos, pois, sepultados com ele na morte pelo batismo; para que, como Cristo foi ressuscitado dentre os mortos pela glória do Pai, assim também andemos nós em novidade de vida" (6.4). Essa é a sua explicação de porque todos os crentes são definitivamente transformados de uma vez para sempre, incapazes de voltar à morte espiritual. "Fomos sepultados com ele na morte pelo batismo". Para nós que fomos unidos a Cristo pela fé, ter sido batizado em sua morte é – assim como sua própria morte e ressurreição – um evento já completo, neste texto expresso em língua grega pelo tempo *aoristo*. Assim como fomos justificados, fomos batizados. Por meio da união com Cristo, o Espírito Santo nos leva de arrastão até aquele mundo futuro, o mundo ressurreto, a era que é definida por Cristo e não por Adão (6.5-11). Somente pela fé é que recebemos a vida nova prometida e que foi selada pelo nosso batismo, mas essa fé faz parte da nova vida que Deus nos deu. Os que estão espiritualmente mortos não podem ressuscitar a si mesmos.

No início de Romanos 6, Paulo não está dando uma ordem, mas anunciando algo! A vida em Cristo pelo poder do Espírito não é algo que nós temos de alcançar – é alguma coisa que já nos foi dada devido a nossa união em Cristo! A *decisividade* do batismo – feito uma só vez, jamais precisando ser repetido – nos assegura a decisividade deste ato de renascimento e renovação que derruba o reinado de Satanás em nossa vida. Assim, a batalha cristã é travada com base na vitória de Cristo e não em nossas realizações. Lutamos de vitória em vitória. Podemos permanecer em pé na batalha porque a guerra já foi vencida e o inimigo já foi derrotado!

Em outro texto, Paulo escreve:

> *Já que vocês foram ressuscitados com Cristo, procurem as coisas que são do alto, onde Cristo está assentado à direita de Deus. Mantenham o pensamento nas coisas lá do alto, e não nas coisas terrenas. Pois vocês morreram [tempo passado] e agora [tempo presente] a sua vida está escondida com Cristo em Deus. Quando Cristo, que é a sua vida, for manifestado entre vocês, então vocês também serão [tempo futuro] manifestados com ele em glória. (Colossenses 3.1-4 NVI)*

Paulo então continua: "assim, façam morrer tudo o que pertence à natureza terrena de vocês" (3.5 NVI). Assim, é com base no que *Deus* fez, está fazendo e fará devido a nossa união com Cristo, que obedecemos aos seus mandamentos.

Por esta razão é que em Romanos 6 Paulo volta do modo *indicativo* (que anuncia o que foi feito) para o modo *imperativo* (exortando-nos a agir como resultado disso): "Não reine, portanto, o pecado em vosso corpo mortal, de maneira que obedeçais às suas paixões... Porque o pecado *não terá domínio sobre vós*; pois não estais debaixo da lei, e sim da graça" (Romanos 6.12, 14, ênfase acrescentada pelo autor). O pecado não pode dominar aqueles que foram batizados em Cristo pela água e pelo Espírito, porque na verdade eles passaram da morte para a vida" (veja também 1João 3.14). Desta forma, Deus já quebrou a escravidão do pecado. O pecado *não pode* mais nos dominar. Agora somos chamados à obediência, não a fim de entrar nessa liberdade, mas porque Deus já nos levou a ela! Ninguém que esteja em Cristo permanece ainda em Adão, que se define pelo reinado do pecado e da morte. É simplesmente a declaração de um fato.

Essa nova criação – ou seja, o reino de Deus – entrou de arrombo "nesta era presente" vindo do futuro (a era por vir). Sendo assim, a nova vida celebrada pelos cristãos não é resultado de novas resoluções, decisões, compromissos ou esquemas para uma vida melhor. Vem de Deus, não de nós nem das possibilidades que já existem nesta era atual.

Este esquema de duas épocas (a era presente/ a era por vir) governa o pensamento paulino. Já o encontramos no discurso de Jesus em lugares como Lucas 18.30 (no presente/ no mundo por vir), Lucas 20.34-35 (filhos deste mundo/ filhos da era vindoura), e Mateus 12.32 (neste mundo/ no porvir). O mundo da CNN, da moda, do entretenimento, consumismo, violência e opressão – esse mundo que vemos como normal e "mundo real" – é na verdade o mundo que passará. É a tentativa vã da humanidade rebelde de escrever seu próprio roteiro, desenvolver sua própria trama, e encontrar algum significado separado de Deus. Sendo que "esta era" é mais fácil tratar como sendo o mundo de verdade porque é o que encontramos cara a cara todo dia, será sempre difícil para nós tomarmos "o tempo por vir" como normativo. Porém, a ressurreição de Cristo, sendo precursora da era futura aqui e agora, nos diz que essa nossa experiência simplesmente está errada. Essa é a boa notícia!

Já estamos vivendo nesses "últimos dias" (Hebreus 1.2, confirmar com Atos 2.17 e Tiago 5.3). Este é o tempo entre os dois adventos do nosso Senhor, portanto, experimentamos tanto o "já" quanto o "ainda não". A parte "já" de nossa salvação envolve o fato de sermos escolhidos em Cristo, por ele redimidos, perdoados, justificados, regenerados e selados nele pelo Espírito Santo, que ele nos deu, a "entrada do pagamento" da nossa redenção final (veja Efésios 1.3-14): "E aos que predestinou, a esses também chamou; e aos que chamou, a esses também justificou; e aos que justificou, a esses também glorificou" (Romanos 8.30). Mesmo a nossa glorificação é uma realidade tão certa que, embora esteja no futuro, já é incluída aqui na lista de fatos realizados. Assim, oramos: "faça-se a tua vontade, assim na terra como no céu" (Mateus 6.10). No céu, nosso futuro já é presente por Jesus Cristo estar assentado à destra do Pai (veja Hebreus 1.3), de onde ele virá reinar "até que haja posto todos os inimigos debaixo dos pés" (1Coríntios 15.25, conferir com Salmo 110.1, Atos. 2.33-35). Isso inclui o último inimigo a ser destruído: a morte (veja 1Coríntios 15.26).

Assim, não existe distinção entre cristãos de primeira classe (vitoriosos) e cristãos de segunda classe (carnais). Só existem os que participam com "um só Senhor, uma só fé, um só batismo" (Efésios 4.5) e aqueles que permanecem "mortos nos vossos delitos e pecados" (Efésios 2.1). Sendo assim, o crente é participante da "boa palavra de Deus e os poderes do mundo vindouro" (Hebreus 6.5).

Claro, as aparências enganam, especialmente quando vemos sinais de morte, decrepitude, pecado e mal a nosso redor, e, tristemente, em nossa própria vida. E sim, porque fomos batizados em Cristo (tempo passado), podemos andar no Espírito (tempo presente) na esperança da glorificação que nos aguarda (tempo futuro). O Espírito nos une a Cristo, tomando, a cada dia, aquilo que pertence a ele e concedendo a nós. Existe muito do "já" na salvação que Deus realizou por nós. Foi a alvorada da nova criação, e fomos incorporadas nela.

A renovação interior (regeneração) será seguida de renovação externa (ressurreição do corpo):

> *Por isso, não desanimamos;*
> *pelo contrário, mesmo que o nosso homem exterior se corrompa,*
> *contudo, o nosso homem interior se renova de dia em dia.*
> *Porque a nossa leve e momentânea tribulação*
> *produz para nós eterno peso de glória,*
> *acima de toda comparação,*
> *não atentando nós nas coisas que se vêem,*
> *mas nas que se não vêem;*
> *porque as que se vêem são temporais,*
> *e as que se não vêem são eternas.*
>
> 2Coríntios 4.16-18

É por essa razão que a Escritura, e não a nossa experiência, tem de determinar as nossas expectações. Em geral, a renovação interior (novo nascimento e santificação) é mais difícil de detectar por nossos sentidos do que o "desgaste" de nossos corpos. A nova criatura está escondida sob sofrimento, fraqueza, e decadência, mas temos de tomar a palavra de Deus que a ressurreição, essa nova criação, possui duas fases, sendo que a primeira já está se desenrolando bem. Fomos internamente ressuscitados da morte para a vida, e seremos ressuscitados em nosso corpo no último dia. Contudo, o processo atual de decadência física parece testemunhar contra a nova criação.

Quando meu pai estava experimentando a morte física em ritmo mais rápido e intenso, ele expressava sua fé de maneira que eu nunca antes havia visto. Ironicamente, enquanto o seu corpo estava cada vez menos capaz de evidenciar sua alegria, estando quase totalmente paralisado, ele estava mais ansioso por demonstrar no corpo alguma indicação. Erguer um dedo em direção ao céu, como se estivesse levantando um saco de cimento, não era algo que eu lembrava que ele fazia antes. Em, dentro e sob sua condição física mais debilitante, ele estava sendo renovado interiormente. De fato essa renovação íntima parecia acompanhar o passo de sua experiência externa de rápido desgaste. Conscientes do ensino de Paulo em 2Coríntios 4.16, pudemos interpretar como família a sua experiência como algo mais do que mera tragédia.

Vi isso também na Nicarágua, quando eu gozava da hospitalidade de um pastor que tinha de pescar para obter magro salário. Junto com sua esposa e seus três filhos, ele morava em um casebre de chão de terra batida. O almoço era preparado em uma grelha sobre um pneu enquanto um porquinho corria por entre nossas pernas. Mais tarde fiquei sabendo que esse pastor tinha viajado longa distância para pedir emprestada uma mesa e cadeiras em que nos servir na ocasião. No entanto, nunca apreciei tanto uma refeição e uma comunhão cristã ainda maior. Essas experiências, lidas com a lente da história de Deus em vez de história dessa era passageira, confirma constantemente o ensino de 2Coríntios 4.16 e outros textos. Deus faz algo extraordinário mesmo em meio e através das provações temporárias dessa vida. A regeneração é dupla: do homem interior e do homem exterior, o novo nascimento em que entramos no Reino de Deus e a nova criatura que é o Reino de Deus em sua forma consumada.

"AINDA NÃO" (ROMANOS 7)

Vem então em mente Romanos 7 para nos lembrar da parte "ainda não" da equação. Quer estejamos falando do crente como indivíduo quer do Reino de Deus mais geral, existe uma condição de "ainda não" que mantém viva a esperança para uma redenção maior. Por mais que a justificação seja maravilhosa, por mais precioso que seja nosso novo nascimento e nossa santificação, por mais surpreendentes os lucros do reino de Cristo neste mundo de pecado e morte – fraqueza, desespero, frustração, lutas, e mesmo fracassos ainda são abundantes demais para negarmos a realidade dos impedimentos constantes na luta. Como nas religiões orientais, os grupos de mente e ciência nos Estados Unidos (por exemplo, ciência cristã, cientologia e assim em diante) simplesmente negam que exista o mal, o pecado e o sofrimento. Uma vez que se recuse reconhecer essa existência, não podemos mais ser suas vítimas. Mas é essa crença, e não o cristianismo, que reflete uma covarde renúncia da realidade. A Escritura não permite que nos escondamos da dimensão trágica: em lugar disso, ela nos conclama a assumir e levar muitíssimo a sério tal dimensão.

Em décadas recentes tem havido muito debate sobre Romanos 7, se Paulo estava se referindo à sua própria experiência como crente ou descrevendo em termos mais gerais a experiência de Israel antes e depois da vinda de Cristo. Mas mesmo que o "eu" de Romanos 7 signifique *mais* do que o próprio Paulo, com certeza não significa *menos,* e Paulo não está falando aqui da experiência anterior à sua conversão. Afinal de contas, ao falar no presente de ter sido "vendido à escravidão do pecado" (7.14) ele também fala de si, como em nenhum outro lugar, a respeito de qualquer pessoa não--regenerada, ou seja, quando ele peca, ele na verdade *quer fazer o bem.* "O querer o bem está em mim", escreve ele no versículo 18. Na verdade, ele declara: "no tocante ao homem interior, tenho prazer na lei de Deus" ainda que vejo "nos meus membros, outra lei" (7.22-23). Alguém que estivesse morto em suas transgressões e pecados (Efésios 2.1) e consequentemente "não aceita as coisas do Espírito de Deus, porque lhe são loucura; e não pode entendê-las, porque elas se discernem espiritualmente" (1Coríntios 2.14), não poderia da forma como Paulo diz estar lutando: "nem mesmo compreendo o meu próprio modo de agir" (Rm 7.15). Porque são verdadeiras as coisas que ele disse em Romanos 6, ele espera vitória sobre o pecado. No entanto, descobre que a guerra continua. Ele pode ter essa verdadeira batalha contra o pecado somente porque ele já foi regenerado. Assim, o "já" de Romanos 6 é de algum jeito qualificado pelo "ainda não" de Romanos 7.

Muitos desafios à ideia de que Paulo estivesse descrevendo a sua própria experiência cristã são motivadas por dificuldades teológicas com o aparente fracasso que Paulo apresenta. Afinal de contas, que equipe de avaliação de candidato a pastor de sua igreja contrataria um quem tivesse admitido tanto fracasso em sua vida pessoal? Nas igrejas de minha juventude, tipicamente se descrevia Romanos 7 como o "cristão carnal" em oposição ao "crente que vivia vitoriosamente". Uma pessoa podia se converter e começar a viver a vida cristã vitoriosa, para então cair em pecado e sofrer um "revés". O crente desviado ainda era salvo, mas não estava vivendo "a vida mais elevada".

Paulo, porém, não está nos apresentando uma linha de tempo assim. Todo o capítulo está no presente. Parece que o que diz o apóstolo, por mais chocante que isso seja, é que todo crente unido a Cristo está atualmente e *simultaneamente* vivendo o "já" do capítulo 6 com o "ainda não" do capítulo 7. Mesmo enquanto procuro crescer em piedade, o orgulho espreita à porta, esperando entrar e tomar o prêmio. Mesmo em minhas orações, posso me identificar com o escritor do hino: "Propenso a vagar, Senhor eu sinto, propenso a deixar o Senhor a quem amo". Mesmo em momentos altos de piedade, sou um crente em luta; em momentos de grandes transgressões, ainda fui batizado com Cristo em sua morte e ressurreição, e assim sou cidadão da nova criação que raiou com a vitória de Cristo sobre o pecado e a morte quando ele enviou o seu Espírito. Dessa forma, o capítulo sete de Romanos descreve *a vida cristã normal*. Embora talvez intente mais que isso, parece bastante claro que este em um ponto crucial do argumento de Paulo. Dizem que o renomado pregador escocês, Alexander Whyte (1836-1921) lembrava repetidamente a sua congregação: "Enquanto vocês estiverem sob minha responsabilidade, jamais deixarão Romanos 7".

Conquanto jamais abandonamos Romanos 7 na presente peregrinação terrena, é importante lembrar que também não deixamos Romanos 6. Qualquer que seja o progresso da pessoa na vida cristã, não obstante os muitos retrocessos ele ou ela sofre, não importa quão fraca a sua fé e arrependimento, cada pessoa que está unida a Cristo já está morta para o pecado e vivificada para a justiça. Aqui, Paulo está recordando aquele ciclo que a Escritura e a experiência cristã ensinam muito bem: a lei nos acusa e morremos; o evangelho nos levanta e vivemos; a lei nos guia em uma santificação impulsionada pelo evangelho; contudo descobrimos que nosso antigo dono, o pecado, tenta desesperadamente – mesmo que finalmente sem sucesso – nos tomar de volta, mesmo que para isso use a lei de Deus (ilegalmente). "Não acabou até que tenha terminado" e assim esperamos sempre mais alguma coisa, libertação não somente da culpa do pecado como também da própria presença do pecado. A nova criação – esse reino de Deus em Cristo – já veio e nos arrebatou para sua maravilhosa luz. Contudo, agora está presente em fraqueza, e ainda não em glória.

OLHE PARA CRISTO E VIVA NO ESPÍRITO (ROMANOS 8.1-17)

Olhe, porém, para Cristo! Essa é a resposta de Paulo a seu próprio desencanto com a qualidade de sua vida cristã. Ele responde seu lamentoso clamor: "Quem me livrará do corpo desta morte?" (7.24) com "Graças a Deus por Jesus Cristo, nosso Senhor" (7.25). Aqui marca a transição em seu argumento de "ainda não" da presente vitória sobre o pecado e a morte para a certeza da esperança que nos aguarda. Olhe para Cristo! Não é um vago sentimento de "Só confie mais em Deus" quando as coisas dão erradas, mas prestar atenção ao fato histórico de que Deus fez alguma coisa em Jesus Cristo por, para e neste mundo que jamais poderá ser desfeita e terá de produzir mais frutos. Ele é "primícias" da primeira colheita (1Coríntios 15.20-23). Com efeito, Paulo está dizendo: "Vejam a sua cabeça à direita de Deus Pai, o seu capitão e irmão dirigindo a batalha de seu lugar privilegiado de vitória". A introspecção de Paulo no capítulo 7 leva ao desespero, mas quando ele olha para fora de si, para Cristo, mais uma vez ele pode erguer a cabeça.

Nesta seção (8.1-17), o apóstolo reafirma o "já" do capítulo 6, o fato da atividade interior do Espírito aqui e agora. Cristo não somente está no céu dirigindo essa guerra, como também enviou aos nossos corações seu Espírito para liderar a campanha em terra. Assim, esta seção começa anunciando que "Agora, pois, já nenhuma condenação há para os que estão em Cristo Jesus" (8,1; conferir com 5.1). Paulo sabe que abana uma vela bruxuleante e a leva a uma chama dançante: novo vislumbre de Cristo e o evangelho, indicando o que Deus já fez e está fazendo por nossa salvação, como também aquilo que ele fará no futuro, na consumação do reino. O que mais precisamos em tempos de provações físicas e espirituais não são mais imperativos (nossos planos de vitória), mas a lembrança renovada dos indicativos triunfais (o plano de Deus para a vitória final, realizada em Cristo). Aqui, em Romanos 8, Paulo não adverte as pessoas sobre tornarem-se "crentes carnais". Apenas repete o indicativo triunfal: "Vós, porém, *não estais na carne*, mas no Espírito, se, de fato, o Espírito de Deus habita em vós" (8.9, ênfase do autor).

Para Paulo, "carne" e "Espírito" nunca significam oposição entre nosso corpo e nossa alma. Pelo contrário, representam a vida humana sob o domínio do pecado e da morte (na carne) e a vida humana dominada pela justiça e vida (no Espírito). Claro que aqui temos em vista o Espírito Santo e não nosso espírito humano. A guerra entre carne e Espírito é de abrangência cósmica, mas é desenrolada em nossas vidas individuais como quem foi reivindicado pelo Espírito mediante o batismo e que ainda aguardam a consumação da nova criação. No meio tempo, Paulo diz:

> *Porque não recebestes o espírito de escravidão, para viverdes, outra vez, atemorizados, mas recebestes o espírito de adoção, baseados no qual clamamos: Aba, Pai. O próprio Espírito testifica com o nosso espírito que somos filhos de Deus. Ora, se somos filhos, somos também herdeiros, herdeiros de Deus e co-herdeiros com Cristo; se com ele sofremos, também com ele seremos glorificados (8.15-17).*

ESPERANÇA DE GLÓRIA (ROMANOS 8.18-30)

Com todos esses "jás", podemos aguardar em plena segurança os "ainda não". É assim que Paulo expõe para nós a situação:

> *Porque para mim tenho por certo que os sofrimentos do tempo presente não podem ser comparados com a glória a ser revelada em nós.*
> *A ardente expectativa da criação aguarda a revelação dos filhos de Deus.*
> *Pois a criação está sujeita à vaidade, não voluntariamente,*
> *mas por causa daquele que a sujeitou,*
> *na esperança de que a própria criação será redimida*
> *do cativeiro da corrupção, para a liberdade da glória dos filhos de Deus.*
> *Porque sabemos que toda a criação, a um só tempo, geme e suporta angústias até agora.*
> *E não somente ela, mas também nós, que temos as primícias do Espírito, igualmente gememos em nosso íntimo, aguardando a adoção de filhos, a redenção do nosso corpo. Porque, na esperança, fomos salvos.*
> *Ora, esperança que se vê não é esperança;*
> *pois o que alguém vê, como o espera?*
> *Mas, se esperamos o que não vemos, com paciência o aguardamos.*
>
> Romanos 8.18-25

Este surpreendente parágrafo liga a salvação do indivíduo à história da redenção. A grande esperança não é que iremos ao céu quando morrermos.

A separação da alma e do corpo na morte não é natural, e sim, parte da maldição da queda. Nós confessamos o credo Niceno: "Aguardo a ressurreição do corpo e a vida no mundo vindouro". Não podemos falar do "eu verdadeiro" à parte de nosso corpo. Por isso é que Paulo liga nossa adoção final à ressurreição de nosso corpo e não apenas à regeneração da pessoa interior.

Os gregos antigos figuravam a realidade física bem abaixo na escala do ser. Os gnósticos do segundo século, tentando colocar o cristianismo em categorias gregas do pensamento, foram mais longe na oposição de matéria ao espírito. Seu alvo era fugir do "falecido grande planeta terra", fugir de seus corpos – "o cárcere da alma" – e fugir da história transitória em que tinham sido lançadas as supostamente inocentes almas.

Como é diferente aqui a descrição que Paulo faz da consumação que nos aguarda! Não somente nossa salvação é incompleta até que nosso corpo e alma sejam reunidos na incorruptibilidade unificada e glorificada; nossa salvação é incompleta até que toda a criação venha compartilhar conosco a nova criação! Adão deveria ter trazido a família humana até o sábado eterno que Deus prometera com a árvore da vida. Em vez disso, a sua rebeldia levou toda a criação para debaixo da maldição. Em contraste, Cristo, o segundo ou último Adão, realizou com sucesso esta tarefa, e agora está trazendo consigo não somente "muitos filhos" (homens e mulheres estão incluídos neste título) como também toda a criação.

Às vezes somos mais gnósticos do que cristãos. Temos a tendência de pensar na salvação em termos de almas em vez de pessoas inteiras (ganhar almas, salvação de almas, e assim em diante), e em termos de seres humanos individuais excluindo o escopo cósmico da redenção que na verdade nos aguarda. De acordo com a Escritura, a salvação não é fuga de nossos corpos ou do mundo natural, mas a redenção de ambos. Por esta razão é que não devemos ver a vida cristã em termos puramente individualistas e "espirituais" (ou seja, não materiais), mas como antegosto da glória que nos aguarda, como também aguarda toda a criação.

Não é surpresa que hoje em dia o conceito de céu pareça irrelevante, até mesmo para muitos cristãos, pois é visto como fuga da criação em toda sua condição "terrestre". A esperança do céu é, realmente, uma negação da bondade do que Deus criou e seu plano de inclusão disso tudo na nova criação. A salvação não é a finalidade da criação, mas sua participação final nas eras vindouras, livre da prisão à qual nós humanos fomos sujeitados.

Contudo, assim como temperou nosso entusiasmo quanto ao anúncio de que estamos para sempre livres do domínio do pecado e da morte com a realidade de sua própria luta contínua, agora, no capítulo 8, Paulo passa do indicativo triunfal de nossa vida futura para a lembrança de que "esperança que se vê não é esperança... Mas, se esperamos o que não vemos, com paciência o aguardamos" (Romanos 8.24-25). Com ambos, nossa santificação individual e nossa mordomia da criação, não somos derrotistas (por causa do quanto a consumação futura já penetrou nosso presente momento) nem triunfalistas (porque aguardamos pacientemente o retorno de Cristo). Romanos 6 é um desafio a toda espécie de derrotismo, Romanos 7 desafia toda espécie de triunfalismo, e Romanos 8 desafia toda espécie de escapismo. Vivemos na tensão de "já" e "ainda não" da nossa redenção. Os cristãos estão em luta contra o pecado no poder do Espírito, que nos batizou em Cristo. No entanto, sabemos que haverá frustração e fraqueza até o final, ainda que saibamos também que no final usaremos a coroa do vencedor.

Essa teologia nos retira de nós mesmos, primeiro impelindo-nos a Deus e em segundo ao nosso próximo e a toda a criação. Vivemos para o próximo. A piedade gnóstica é autocentrada e totalmente introspectiva, enquanto a piedade bíblica é principalmente extrovertida. Se for cósmico o formato da redenção e não apenas individual, assim também o formato de nossa esperança deve ser enquanto nos relacionamos com o mundo como cidadãos do "mundo vindouro". Não é por escapismo monástico do mundo e de seus problemas, mas por humilde serviço a Cristo e ao próximo que aguardamos a segunda vinda.

Quando perguntaram a Martinho Lutero o que ele faria se soubesse que Jesus iria voltar no dia seguinte, dizem que ele respondeu: Plantaria uma árvore. Com isso, queria dizer que gostaria que Cristo o encontrasse cumprindo aquilo para o qual foi chamado no mundo, para o bem de seu próximo, pela expectação de que, a despeito da aparência agora das coisas, Deus libertará este mundo finalmente e para sempre da escravidão. Um médico desejará estar na sala de cirurgia realizando uma operação como o modo de Deus deter a inevitável maldição da morte, não como negação da ressurreição e sim, em vista dela. Uma dona de casa, criadora do lar, deverá se contentar em cuidar de sua família em suas incontáveis rotinas que muitas vezes parecem insignificantes e terreais. Nisso ela afirma a vida e antecipa a renovação de todas as coisas por fé, esperança e amor.

A esperança aguarda pacientemente, com expectativas e confiança. Conquanto nossa atividade febril não possa realizar a prometida consumação, em relação à nossa própria santificação e também a da criação em geral, podemos – na verdade, temos de – nos manter em nossos postos, onde quer que Deus tenha nos colocado, conforme nosso chamado como pais, filhos, empregadores, empregados, amigos e vizinhos. Se nos fosse prometida apenas nossa salvação, plantar uma árvore poderia ser considerado uma distração do chamado mais alto. Mas, se este mundo for se unir a nós no processo triunfal da plena consumação da era por vir, nossa atividade ordinária cotidiana será a arena do aguardo daquele dia. Mesmo o sofrimento pode ser um meio de participar da cruz de Cristo que um dia produzirá nossa plena comunhão em sua glória: "Porque para mim tenho por certo que os sofrimentos do tempo presente não podem ser comparados com a glória a ser revelada em nós" (Romanos 8.18).

Capítulo 9

A VERDADEIRA NATUREZA DA BATALHA ESPIRITUAL

Em nosso casamento até agora breve, parece que Lisa e eu temos estado tão dominados por emergências que às vezes temos dificuldade até mesmo em nos relacionar um com o outro. Do primeiro ano até o final do quarto ano de nosso casamento – até a cirurgia de meu pai – minha esposa sofreu várias gestações complicadas, cada qual levando a aborto espontâneo. Cada vez, ela era transformada pela depressão em uma pessoa reclusa, chorando na cama com as venezianas fechadas. As visitas ao leito de meu pai só pioravam sua ansiedade quanto à proximidade e bondade de Deus.

Eu queria dizer que essas pressões nos aproximaram um do outro. Na verdade às vezes ameaçavam nos afastar. Queria dizer que continuei de pé, com respostas prontas quando minha esposa mais precisou; muitas vezes eu estava alheio ao que ela realmente precisava ouvir.

Finalmente, em 16 de setembro de 2002, James Paul nasceu. Quase imediatamente, os hormônios em fúria acalmaram e a depressão desapareceu. Realmente foi de noite para o dia, e pudemos finalmente nos comunicar depois de muitos meses em que indagávamos se o dia seguinte seria tão desalentado quanto o último que estávamos vivendo.

Depois de tentar por um ano conceber outro filho, o ultrassom revelou não um, mas três bebês. A opinião médica era que deveríamos abortar. Recusamos. Uma gravidez difícil foi o resultado, levando-nos a um sério dilema na vigésima semana. Ficamos sabendo que uma das crianças não estava se desenvolvendo no mesmo passo, e à medida que as semanas passavam, ficou claro que ele não estava recebendo nutrição. Na vigésima oitava semana, enfrentamos a decisão se seria feito o parto prematuro dos três bebês, colocando em risco duas vidas, ou permitir que a única criança doente morresse a fim de dar aos irmãos saudáveis melhor chance de sobrevida. Depois de pesar cuidadosamente o caso médico que nos foi apresentado, orando e buscando a sabedoria de Deus, optamos pelo parto dos três para a manhã seguinte.

Olivia, Matthew e Adam foram levados rapidamente para a unidade de tratamento intensivo, onde haviam dito que os primeiros dias seriam os mais cruciais, não somente para Adam (que nessa altura permanecia vivo por um fio) como também para os outros. Preparando-nos para o pior enquanto orávamos e esperávamos o melhor, recebemos naquela primeira semana de suma importância um telefonema dizendo que Olivia tinha um "sangramento no cérebro". Contudo, ressonâncias magnéticas subsequentes não deram evidência de que ela tivesse tido sequer um sangramento desse tipo. Mais uma vez, Deus mostrara que estávamos totalmente em suas mãos.

Embora todos os filhos tivessem problemas relacionados ao subdesenvolvimento (especialmente na respiração), com o passar das semanas ficou claro que Adam seria o foco de nossa atenção. Pesando menos de quinhentos gramas, ele experimentou sérios problemas intestinais e foi repetidamente trazido de volta à saúde para no momento seguinte sofrer novas ameaças e recorrências. Desembaraçando cuidadosamente a teia de tubos de alimento e sangue, eu colocava Adam sobre meu peito e perguntava como uma vida tão frágil poderia sobreviver àquela noite sequer. Lembrava um *hamster* que eu tive como bichinho de estimação, que repousava sobre meu peito quando eu era menino. Embora fosse meu filho, esta criança era pouco maior que aquele bichinho da minha infância (isto é, quando as perninhas de Adam eram completamente estendidas). Depois de visitar a unidade de tratamento intensivo neonatal durante três meses (dois meses para Olivia e Matthew), finalmente pudemos regozijar com a vinda de Adam para casa.

Agora, após fraturas que sararam e cirurgias bem sucedidas (bem como um acidente inusitado que o levou de volta à UTI logo após seu segundo aniversário), Adam tem atestado de saúde sem problemas, como os irmãos. Ainda não temos a mínima ideia de por que Deus permitiu que passássemos por tudo isso imediatamente depois da morte de meu pai e o AVC de minha mãe. Na época, parecia que Satanás estava obtendo sucesso em nos afogar enquanto tentávamos manter a cabeça fora d'água em meio às ondas de dúvida e depressão.

REINOS EM CONFLITO

Como já observamos neste livro, existe uma batalha cósmica entre o reino de Deus e o de Satanás, e nossas vidas fazem parte do drama que desenrola disso. Embora não ousemos reduzir nosso sofrimento físico ao âmbito de batalha espiritual, também não devemos perder este aspecto importante de todo sofrimento. A história que acabo de contar ilustra isso. Durante provações como essa, estamos num tribunal, como Jó e como nosso Senhor, Satanás assumindo o papel de promotor público e Cristo nosso advogado de defesa. O objetivo de Satanás nessa disputa é solapar nossa confiança na misericórdia da vontade de Deus para conosco, enquanto o objetivo de Deus é nos fortalecer.

Assim como as batalhas físicas envolvem batalhas espirituais, o reverso também acontece. Um amigo telefonou-me há alguns anos falando de um jovem que passava por uma espécie de crise pessoal e queria que eu conversasse com ele, especialmente sobre o que ele estava pegando da leitura de meu livro *Putting Amazing Back into Grace* (Devolvendo maravilha à graça). Almoçando com ele quando eu me encontrei em sua região, ele me disse que apesar de sua forte criação cristã e fé em Jesus Cristo, perguntava a si mesmo se era homossexual. Durante nossa conversa, ficou claro para mim que ele não era gay, mas um cristão que lutava contra a tentação de ceder ao homossexualismo. Primeiro, ele *estava preocupado* se poderia ser gay. Isso é um sinal rudimentar de arrependimento diferente daqueles que se consideram gays – ou seja, afirmam um estilo de vida homossexual. Além disso, ele professava sua fé em Cristo, não só da libertação da culpa como também da tirania do pecado. Desejava ser libertado dessa tendência pecaminosa.

O problema é que seu pastor não via desse modo, dizendo ao moço que ele tinha sido "entregue ao pecado" como Paulo descreveu a condição do coração não regenerado (Romanos 1.28). Esse pastor entendeu o termo "entregue" como referência ao desejo homossexual; enquanto Paulo na verdade tratava a homossexualidade (Romanos 1.24-27) como um exemplo do que se torna socialmente aceitável quando o conhecimento de Deus é ofuscado. Noutras palavras, de acordo com Romanos, "entregou" não descreve os que lutam contra a homossexualidade; pelo contrário, a homossexualidade é um exemplo daquilo que se torna aceitável quando rejeitamos a Deus. A propósito, Paulo menciona também a avareza, maledicência, desrespeito e maldade de coração entre outros pecados semelhantes (1.29-31).

Este jovem claramente não rejeitava Deus, mas seu pastor o havia rejeitado, embora ainda não tivesse excomungado oficialmente. Tristemente, seus pais, líderes no apoio de causas conservadoras de "valores da família" estavam envergonhados do filho, e aceitavam totalmente o veredicto do pastor.

Por meio de correspondência e telefonemas, eu e o jovem pudemos conversar sobre algumas dessas questões. Com maior frequência, o que esse jovem irmão mais precisava era de absolvição – a constante afirmação e segurança de que seus pecados foram perdoados pelo amor de Cristo. Somente o perdão pode nos trazer de volta ao arrependimento que é *evangélico* (ou seja, de boas novas) em vez do mero arrependimento *legal* (ou seja, produzido pelo medo). Ele acabou se mudando para os escritórios de nossa organização na Califórnia, servindo como voluntário para ajudar outros a encontrar essa maravilhosa graça.

Voltando para sua casa após um ano conosco, ele se encontrou mais uma vez na armadilha do ciclo de condenação-culpa-transgressão. Acabou tirando sua própria vida. Não tenho dúvidas de onde ele está agora. Mas ele permanece para mim como símbolo da tragédia da má teologia, e das tragédias por ela produzidas de maneira prática. Precisamos reconhecer, repetidas vezes, que é somente o evangelho – ver Cristo em seu ofício salvador – que pode nos dar fé como também obediência autêntica. Os mandamentos e as advertências fazem parte da Escritura; temos de reconhecê-los, pois quando o fazemos conheceremos mais profundamente nossa necessidade de Cristo. Mas os mandamentos e advertências – mesmo quando apresentados de forma polida como sugestões de ajuda – não podem encher as velas de nosso barco com fé, amor e esperança. Sem o evangelho, a lei é um fardo terrível que nos conduz ao desespero ou então à ilusão da autojustiça.

Quase todos conhecem Santo Agostinho, aquele gigante do Quarto Século, como doutor da graça. Em grande parte, a Reforma foi simplesmente recuperar e aprimorar o sistema de Agostinho. Poucas pessoas descreveram com tanta eloquência o assunto de culpa e graça como o Bispo de Hipona. No entanto, a própria conversão de Agostinho foi devida, não tanto à culpa de seus pecados quanto ao poder dos mesmos. Descansando no seu jardim, o jovem filósofo pagão e imoral ouviu uma criança cantando "Toma e lê, toma e lê". Procurando um Novo Testamento, abriu aleatoriamente em Romanos 13.13-14: "Comportemo-nos com decência, como quem age à luz do dia, não em orgias e bebedeiras, não em imoralidade sexual e depravação, não em desavença e inveja. Ao contrário, revistam-se do Senhor Jesus Cristo, e não fiquem premeditando como satisfazer os desejos da carne" (NVI). Membro de uma seita herege conhecida por sua depravação, o jovem e sensual Agostinho vivia sob a tirania do pecado. O evangelho prometeu livrá-lo dessa prisão de si mesmo. Revestido de Cristo, Agostinho encontrou um caminho de libertação.

O que todas essas histórias têm em comum? Apontam para cima, de maneiras bastante diferentes umas das outras, para a interligação entre corpo e alma, e assim, da batalha física e da espiritual. O próprio holocausto pessoal de Jó o levou a duvidar da bondade e cuidado de Deus; às vezes ele chegou perto de abrir mão da convicção de que no fim seria feita justiça. De qualquer modo, quer comecem no físico quer no espiritual, as crises da vida acabam envolvendo a pessoa por inteiro.

UM RELATO DO *STATUS* DA BATALHA CÓSMICA

Guerra espiritual tem se tornado assunto quente em círculos cristãos nas últimas décadas, gerando muitos livros, conferências e gravações em temas como a quebra de maldições entre as gerações, identificação por nome dos demônios específicos que controlam diversos males (o demônio da pobreza, do alcoolismo, da luxúria e assim por diante), formando campanhas de oração para "amarrar" os maus espíritos. Um novo vocabulário surgiu em volta dessa tecnologia espiritual, centrado no "mapeamento espiritual" de "espíritos territoriais". Mas isso seria espiritualidade bíblica, ficção científica ou superstição?

Muitos desses escritos beiram ao dualismo cosmológico – a crença de que o universo esteja em meio ao domínio cósmico de um duelo entre Deus e Satanás, como se representassem duas forças iguais. É claro que a Escritura nos ensina que existe uma batalha cósmica, conforme tenho defendido neste livro desde o começo. Mas estaríamos numa luta de forças em que nós crentes decidimos o resultado? Ou seria o caso, como Lutero gostava de dizer, que até mesmo o diabo é o diabo de Deus?

Na Escritura, a recorrente polêmica contra a idolatria das nações era que elas criam na existência de muitos deuses e senhores, cada qual governando determinado aspecto da vida, enquanto somente o Deus de Israel é Senhor de tudo e todas as coisas. Não pode haver dois soberanos no universo. Satanás sempre foi falso pretendente. Desde a sua infame traição, ele sempre se viu como uma divindade por direito. Na extensão em que os seres humanos são seduzidos pelo seu engano, eles se encontram sob seu domínio imediato, ainda que em última instância, , Deus seja único rei.

É verdade que Satanás é descrito como "deus deste século" (2Coríntios 4.4). Porém, longe disso servir como texto-prova para nosso exorcismo coletivo de demônios territoriais e maldições familiares, Paulo prossegue dando-nos o sentido em que a frase é intencionada. Primeiro, "deus deste século" não tem nada a ver com tecnologia espiritual e sim com o evangelho:

> *Mas, se o nosso evangelho ainda está encoberto,*
> *é para os que se perdem que está encoberto,*
> *nos quais o deus deste século cegou o entendimento dos incrédulos,*
> *para que lhes não resplandeça a luz do evangelho da glória de Cristo,*
> *o qual é a imagem de Deus.*
> *Porque não nos pregamos a nós mesmos,*
> *mas a Cristo Jesus como Senhor*
> *e a nós mesmos como vossos servos, por amor de Jesus.*
>
> 2Coríntios 4.3-5

Noutras palavras, Satanás iludiu o mundo a negar o Deus que o criou, e quando o redentor é proclamado, o mundo o rejeita como fez na vinda de

Jesus (ver João 14 a 16). Estamos lidando aqui no âmbito de fé e descrença, não no âmbito da mágica.

Se pudéssemos simplesmente coordenar os exércitos de oração para derrubar espíritos territoriais, a campanha contra Satanás e seus exércitos seria fácil. É, porém, muito mais difícil, porque o problema não é externo e sim, interno. Não é que estamos presos ao pecado contra nossa vontade, esperando ansiosamente por quem nos livre e nos dê vitória – somos cativos voluntários que se recusam a confiar em Deus a não ser por sua graça interventora.

Jesus destacou isso quando os líderes judeus achavam que o mal estava fora deles, ou melhor, especificamente nas forças da ocupação romana. Disse-lhes que eram filhos do pecado, ainda que se orgulhassem por serem filhos de Abraão:

> *Vós fazeis as obras de vosso pai.*
> *Disseram-lhe eles: Nós não somos bastardos;*
> *temos um pai, que é Deus.*
> *Replicou-lhes Jesus: Se Deus fosse, de fato, vosso pai,*
> *certamente, me havíeis de amar; porque eu vim de Deus e aqui estou;*
> *pois não vim de mim mesmo, mas ele me enviou.*
> *Qual a razão por que não compreendeis a minha linguagem?*
> *É porque sois incapazes de ouvir a minha palavra.*
> *Vós sois do diabo, que é vosso pai, e quereis satisfazer-lhe os desejos.*
> *Ele foi homicida desde o princípio e jamais se firmou na verdade,*
> *porque nele não há verdade.*
> *Quando ele profere mentira, fala do que lhe é próprio,*
> *porque é mentiroso e pai da mentira.*
>
> João 8.41-44

Observe a referência à Palavra de Deus. Este é o campo de batalha da guerra espiritual. Preferindo os encantamentos para glória de Satanás em vez da Palavra de Deus, Adão lançou a raça humana em pecado de queda. O segundo Adão, em sua prova pessoal, foi tentado com a glória do mundo. Satanás focava as necessidades imediatas de Jesus. Jesus, porém, respondeu: "Não só de pão viverá o homem" (Mateus 4.4). Assim como Paulo ligava o domínio de Satanás à cegueira do mundo quanto à Palavra de Deus, também Jesus o fez nestas passagens.

A coisa mais empolgante e libertadora que um crente pode ouvir no meio de sofrimento espiritual e físico não é que existe um plano secreto de batalha para derrotar os poderes das trevas se apenas nos juntarmos para seguir os passos infalíveis, mas é o anúncio de que Jesus Cristo já venceu tudo isso por nós em sua primeira vinda. Depois de haver enviado os setenta discípulos para a colheita, eles voltaram jubilosos dizendo: "Senhor, os próprios demônios se nos submetem pelo teu nome!" A que Jesus respondeu: "Eu vi Satanás caindo do céu como um relâmpago. Eis aí vos dei autoridade" para vencer Satanás e os súditos que cegam o mundo. Jesus acrescentou: "Não obstante, alegrai-vos, não porque os espíritos se vos submetem, e sim porque o vosso nome está arrolado nos céus" (Lucas 10.17-20).

Aqui está surgindo um tema claro: o aprisionamento de Satanás e os poderes das trevas ocorre com a chegada do reino. Está centrado na cegueira espiritual da qual a cegueira física é apenas um sinal. As curas e exorcismos realizados por Jesus e seus apóstolos são sinais que anunciam finalmente a chegada do Reino do evangelho. Jesus diz: "Se, porém, eu expulso demônios pelo Espírito de Deus, certamente é chegado o reino de Deus sobre vós. Ou como pode alguém entrar na casa do valente e roubar-lhe os bens sem primeiro amarrá-lo? E, então, lhe saqueará a casa" (Mateus 12.28-29). Não é um apelo para um programa geral de vencer Satanás, e sim a confissão de Jesus como "Cristo, Filho do Deus Vivo" (Mateus 16.16) que evoca o anúncio continuado por Jesus: "Também eu te digo que tu és Pedro, e sobre esta pedra edificarei a minha igreja, e as portas do inferno não prevalecerão contra ela. Dar-te-ei as chaves do reino dos céus; o que ligares na terra terá sido ligado nos céus; e o que desligares na terra terá sido desligado nos céus" (versículos 18 e 19).

A autoridade de amarrar e desamarrar é exercida onde e sempre que o evangelho é proclamado, onde a fortaleza do diabo é saqueada e seus prisioneiros são batizados, transferidos do reino do pecado e da morte para o reino da vida eterna. A batalha cósmica, conforme os Evangelhos, acende a fé em Cristo e a admissão a seu Reino. Guerra espiritual tem tudo a ver com o evangelho. É quando a confissão de Pedro é ouvida nos lábios de homens, mulheres e crianças desde Jerusalém até os confins da terra, que vemos o império de Satanás se apagando.

Em suma, portanto, este é o relato do estado do campo de batalha: Satanás está preso, sob prisão domiciliar. No entanto, como chefe preso da máfia, ele ainda consegue causar confusão. Como Apocalipse 12 mostra em fotografia maravilhosamente condensada dessa guerra, Satanás foi lançado fora do céu, mas busca vigorosamente a retaliação contra a igreja que foi libertada de sua fortaleza.

ESCUDOS E ESPADAS

Vamos focar agora os principais textos-prova, muitas vezes aduzidos às diversas abordagens sobre batalha espiritual que parecem ter mais em comum com a ficção científica do que com a Escritura. Nosso alvo não é simplesmente refutar o erro, mas examinar, com este texto, o rico significado do que é a batalha espiritual, num esforço por entender sua verdadeira natureza. O texto que tenho em mente vem de Efésios:

> *Quanto ao mais, sede fortalecidos no Senhor e na força do seu poder.*
> *Revesti-vos de toda a armadura de Deus,*
> *para poderdes ficar firmes contra as ciladas do diabo;*
> *porque a nossa luta não é contra o sangue e a carne,*

> e sim contra os principados e potestades,
> contra os dominadores deste mundo tenebroso,
> contra as forças espirituais do mal, nas regiões celestes.
> Portanto, tomai toda a armadura de Deus,
> para que possais resistir no dia mau e,
> depois de terdes vencido tudo, permanecer inabaláveis.
> Estai, pois, firmes, cingindo-vos com a verdade
> e vestindo-vos da couraça da justiça.
> Calçai os pés com a preparação do evangelho da paz;
> embraçando sempre o escudo da fé,
> com o qual podereis apagar todos os dardos inflamados do Maligno.
> Tomai também o capacete da salvação
> e a espada do Espírito, que é a palavra de Deus;
> com toda oração e súplica, orando em todo tempo no Espírito
> e para isto vigiando com toda perseverança e súplica por todos os santos
> e também por mim; para que me seja dada,
> no abrir da minha boca, a palavra, para, com intrepidez,
> fazer conhecido o mistério do evangelho,
> pelo qual sou embaixador em cadeias,
> para que, em Cristo, eu seja ousado para falar,
> como me cumpre fazê-lo.
>
> *Efésios 6.10-20*

O pano de fundo do Antigo Testamento para esta exortação apostólica provavelmente é Isaías 59, pois Efésios 6 está cheio de alusões a ele. Uma breve vista dessa passagem profética, portanto, abrirá a visão do ensino de Paulo a respeito de batalha espiritual em Efésios.

Primeiro, a linguagem de Isaías evoca o cenário de um tribunal, um contexto incomum para os profetas, pois eram estes advogados do pacto. Diferente de nosso sistema legislativo, não havia divisão de trabalho entre os promotores e a defensoria. Os profetas, como advogados da aliança, representavam as duas partes na demanda judicial – tanto a parte ofendida (Deus) quanto os ofensores (o povo de Israel). O povo é chamado ao tribunal.

Segundo, levando em conta os capítulos anteriores e os profetas contemporâneos (especialmente Jeremias e Oséias), sabemos que o povo havia justificado a si mesmo durante toda a querela. Haviam visto a destruição de Jerusalém e seu exílio, não como paga por seu pecado, mas como uma quebra da promessa da parte de Deus. Assim, colocaram Deus no tribunal, e pretendiam julgá-lo com base na experiência deles.

Em vez disso, Deus levanta sua Palavra como o padrão, virando a mesa. As duas acusações perenes que a humanidade faz contra Deus em tempos de aflição são que ele é indisposto ou não quer salvá-los. Noutras palavras, descartam sua soberania ou então a sua bondade. Mas o caso de *Javé* é apresentado por seu advogado: "Eis que a mão do Senhor não está encolhida, para que não possa salvar; nem surdo o seu ouvido, para não poder ouvir. Mas as vossas iniqüidades fazem separação entre vós e o vosso Deus; e os vossos pecados encobrem o seu rosto de vós, para que vos não ouça" (Isaías 59.1 e 2). As pessoas têm reclamado que o braço de Deus é curto demais para alcançar o mundo e salvar seu povo, ou ele tem audição defeituosa. Quer seja seu braço quer seus ouvidos, Deus não é grande conforto na angústia para seu povo. Ele é o problema, não a solução.

Mas o profeta reverte as acusações.

Terceiro, o processo contra o povo é instaurado por testemunho condenatório, não apenas das vítimas de sua opressão e injustiça, mas por suas próprias pessoas. Como o criminoso que não consegue nem encobrir as pistas de seus erros, as mãos de Israel "estão contaminadas de sangue, e os dedos, de iniqüidade; os lábios falam mentiras, e a língua profere maldade" (v 3). A primeira evidência a ser exibida é o próprio corpo coletivo de Israel; não são as mãos ou o ouvido de Deus em falta, mas as mãos, os dedos, os lábios e a língua de Israel que declaram sua culpa.

O profeta continua, fazendo referência a processos injustos e tribunais corruptos, a mentira e engano. Podemos dizer que a situação era de "cada um por si". São semelhantes a cobras venenosas ou aranhas que tecem suas teias de corrupção e depois as utilizam para encobrir sua maldade, escondendo a traição debaixo de uma capa de autojustiça. "As suas teias não se prestam para vestes, os homens não poderão cobrir-se com o que eles fazem, as obras deles são obras de iniqüidade, obra de violência há nas suas mãos" (Isaías 59.6). Não caíram simplesmente com a turma errada, cometendo erros sinceros. Em vez disso, a própria pessoa deles é usada como evidência contra eles:

> *os seus pés correm para o mal, são velozes para derramar o sangue inocente; os seus pensamentos são pensamentos de iniqüidade; nos seus caminhos há desolação e abatimento. Desconhecem o caminho da paz, nem há justiça nos seus passos; fizeram para si veredas tortuosas; quem anda por elas não conhece a paz. (Isaías 59.7 e 8)*

Quando pensamos em nossa própria nação, não precisamos fazer parte de algum partido político para sentir a consciência ferida. Embora nos apresentemos ao mundo como exemplo de esperança de liberdade, justiça e oportunidade, estatisticamente lideramos o mundo em dívidas, violência e crimes. Um em cada vinte e sete homens na América hoje em dia está encarcerado, e essa trágica estatística é muito mais alta entre homens afro-americanos. Quando os profetas falam dos principados e poderes do mundo atual não estão falando em termos de ficção científica. Têm em mente as formas concretas, sistemáticas e institucionalizadas de escravidão que o pecado forma com o passar do tempo.

Porém, no final, este é um problema espiritual arraigado primeiramente no pecado – a recusa coletiva da humanidade de atender a Deus, que se reflete em voluntária escravidão aos poderes das trevas nos lugares celestiais.

Vemos este fato na próxima surpreendente fala do profeta, que agora se dirige à corte em nome do povo, em vez de se dirigir ao Rei: "Por isso, está longe de nós o juízo, e a justiça não nos alcança" (Isaías 59.9a). *Nós* somos o problema. Deus não foi infiel às suas promessas – nós somos infiéis. "Esperamos pela luz, e eis que há só trevas; pelo resplendor, mas andamos na escuridão. Apalpamos as paredes como cegos, sim, como os que não têm olhos, andamos apalpando; tropeçamos ao meio-dia como nas trevas e entre os robustos somos como mortos" (59.9b-10). Não é simplesmente que as pessoas deixaram de *fazer* o que é certo – é que suprimiram tanto a verdade pela injustiça *que não sabem mais* a diferença entre o certo e o errado.

Isso não é apresentado como problema apenas de algumas pessoas. Não são apenas "aqueles lá do outro lado" ou "aquele partido político", mas todo indivíduo que perdeu o senso da santidade, glória, justiça, retidão e maravilha de Deus. Justiça e salvação estão longe de nós, diz Isaías, porque "as nossas transgressões se multiplicam perante ti, e os nossos pecados testificam contra nós; porque as nossas transgressões estão conosco, e conhecemos as nossas iniquidades" (59.11b-12). Começa com ignorância e indiferença para com Deus (59.13a) – algo comum demais até mesmo em nossas igrejas, onde o foco está em nós e nossa felicidade. Extrapola em um câncer que ameaça a vida do corpo todo, a ponto de "o direito se retirou, e a justiça se pôs de longe; porque a verdade anda tropeçando pelas praças, e a retidão não pode entrar. Sim, a verdade sumiu, e quem se desvia do mal é tratado como presa. O SENHOR viu isso e desaprovou o não haver justiça" (Isaías 59.14-15).

Não estaríamos errados ao ouvir ecos da Queda no Éden nesta passagem. É aqui que Satanás estabelece suas muralhas e constrói suas trincheiras: não se pode confiar em Deus e em sua Palavra; ao invés disso, você tem de ser dono de si mesmo, encontrar o seu próprio caminho, acreditar em você mesmo e ser verdadeiro consigo mesmo. A provação de Israel no deserto e na Terra Prometida foi recapitulação da provação de Adão no jardim, assim como a de Jesus foi, por sua própria obediência, o desfazer do pecado de Adão e de Israel, levando sobre a sua própria cabeça as maldições por nós termos quebrado o pacto.

É exatamente aqui que Isaías volta do juízo para a justificação, das más notícias para as boas novas:

> O SENHOR viu isso e desaprovou o não haver justiça.
> Viu que não havia ajudador algum
> e maravilhou-se de que não houvesse um intercessor;
> pelo que o seu próprio braço lhe trouxe a salvação,
> e a sua própria justiça o susteve.
> Vestiu-se de justiça, como de uma couraça,
> e pôs o capacete da salvação na cabeça;
> pôs sobre si a vestidura da vingança e se cobriu de zelo, como de um manto.
> Segundo as obras deles, assim retribuirá;
> furor aos seus adversários e o devido aos seus inimigos; às terras do mar, dar-lhes-á a paga.
> Temerão, pois, o nome do SENHOR desde o poente
> e a sua glória, desde o nascente do sol;
> pois virá como torrente impetuosa,
> impelida pelo Espírito do SENHOR.
> Virá o Redentor a Sião
> e aos de Jacó que se converterem, diz o SENHOR.
>
> Isaías 59.15-20

A boa nova é dupla: (1) a justiça será feita; virá a libertação; será vindicada a retidão; o mal, a opressão e a violência serão tiradas da face da terra; e (2) todos quantos se arrependerem, voltando-se para o redentor, serão salvos.

Este tribunal de juízo de Isaías 59 não afirma que existe uma correspondência um a um entre o sofrimento e pecados específicos que tenhamos cometido. Já vimos em Jó que esta é uma teologia inadequada. O pecado é muito mais complicado que isso, sendo semelhante a uma teia de aranha que é tecida não apenas por cada um de nós como também coletivamente, por todos nós. Somos simultaneamente todos pecadores e pessoas contra as quais alguém pecou, perpetradores como também vítimas. Somos presos na teia que ajudamos a elaborar, e em vez de desfazer o ciclo de iniquidade, injustiça e sofrimento, participamos voluntariamente dele. Isso é verdade quanto a todos nós. Por esta razão é que a única boa nova nesse julgamento é que o próprio Juiz – a quem os transgressores originalmente censuraram – tira sua toga e veste sua armadura de guerreiro. É o próprio *Javé*, o rei, cuja justiça sustenta a ele e a nós, que traz justiça e justificação em seu séquito.

ARMADURA DO NOSSO CAPITÃO

Portanto, no capítulo seis de Efésios, Paulo se vale desse julgamento cósmico, relacionando-o à nossa experiência cristã individual. Satanás vem a nós, como veio a Adão, a Israel, a Jesus, prometendo os reinos deste mundo se nós o servirmos. Os que rejeitam a Satanás e as suas mentiras são alvo de perseguições, tentações e sofrimentos. Tudo que temos – e isso nos basta – são as armas que Deus providenciou para nós.

Observe que as vestes militares e armas alistadas por Paulo são idênticas às mencionadas por Isaías – com uma diferença crucial. Em Isaías 59, são usadas pelo próprio Senhor *Javé*, o redentor que vem a Sião. Em Efésios 6, são usadas por nós. É o que Paulo dizia mais cedo em sua carta, quando falou para "tirar nosso velho ser" e nos "revestir do novo ser" (Efésios 4.22,24), e em outro lugar "revestirmo-nos do Senhor Jesus Cristo" (Romanos 13.14; Gálatas 3.27; ver também Romanos 6.6; Colossenses 3.9-15).

Nenhuma das defesas mencionadas nos pertence. Não lemos aqui sobre nossa maravilhosa experiência cristã, nosso amor pelos santos, nosso progresso na obediência, nossa paixão por Deus. Com certeza não lemos aqui (ou em nenhum outro lugar) sobre esquemas elaborados para identificar e amarrar espíritos territoriais ou maldições familiares. Certamente encontramos chamados para a obediência na Escritura, e cumpri-los é marca indubitável de ser cristão. Mas essas não são as *defesas* do cristão em tempo de guerra. Cada item mencionado na lista de Paulo é externo para nós. Vestindo a armadura de outro, estamos firmes na força de outro. O testemunho que prevalece nessa batalha não é sobre nós, o que nós fazemos ou quanto nós melhoramos, mas é um testemunho do que Deus é e fez em Cristo. Não apontar para nós mesmos e sim, para Cristo, é a única defesa segura quando Satanás nos acusa no tribunal de Deus.

Existe o cinto da verdade (Efésios 6.14). Como podemos responder a acusação de Satanás e sua alteração da Escritura se não conhecemos a verdade de Deus? Como vimos na história do jovem que tirou sua vida, o conhecimento da verdade é questão de vida e morte. A má teologia pode literalmente matar alguém fisicamente, assim como tira a vida espiritual de tantas pessoas. A sã doutrina não é, como muitos presumem hoje, uma distração da vida verdadeira de discipulado cristão, e sim, preparação para essa vida de discipulado.

Existe então a couraça da justiça que vestimos (Efésios 6.14) – essa "justiça alheia", como a chamava Lutero, ou seja, a justiça de Cristo que foi imputada a nós, embora por nós mesmos sejamos injustos. Somente essa justiça permanece no tribunal de Deus em face às acusações de Satanás. Afinal de contas, muitas vezes Satanás está certo nas acusações que faz, e ele nos aterroriza a consciência com o medo de termos caído do favor de Deus. Se ele de alguma forma consegue solapar nossa fé em Cristo e na suficiência de sua justiça, o que poderia ser uma vitória mais excelente? Mas ele não pode obter sucesso se estivermos usando a couraça da justiça de Cristo, não dependendo de justiça de peito nu para nos preservar de seus baques.

A seguir, o evangelho da paz são nossos sapatos que nos deixam prontos para correr na corrida que está adiante de nós (6.15). Como o cinto da verdade e a couraça da justiça, o evangelho não é a nosso respeito, mas sobre outro: Cristo e sua proclamação: "Está consumado!"

Além do mais, Satanás não consegue penetrar o escudo da fé (6.16). Se batalhássemos com nossa própria experiência, nosso intelecto ou nossas obras, cairíamos mui rapidamente, mas a fé também aponta para longe de nós em direção a Cristo, que intercede por nós.

Finalmente, Paulo menciona a espada do Espírito, que não é um sabre fantasioso de luz a ser desembainhado por super-heróis espirituais, mas é sim nada menos que a Palavra de Deus (6.17). Nada em nós ou realizado por nós é vitorioso na batalha espiritual. Só poderemos apagar os dardos inflamados da dúvida, do medo e da ansiedade ao conduzirmos o mundo, a carne e o diabo até nosso capitão, que está à direita de Deus Pai, e já esmagou a cabeça da serpente, tornando nulas as suas acusações e fúteis os seus esforços.

Tendo em mente tudo isso, Paulo conclui, encorajando seus leitores a orar continuamente "por todos os santos" e não só por eles mesmos (Efésios 6.18). Pede intercessão também por ele, não apenas por sua importância apostólica nem para que ele seja poupado de todo sofrimento, mas que "me seja dada, no abrir da minha boca, a palavra, para, com intrepidez, fazer conhecido o mistério do evangelho, pelo qual sou embaixador em cadeias, para que, em Cristo, eu seja ousado para falar, como me cumpre fazê-lo" (Efésios 6.19-20). Isso não quer dizer que não devamos orar sobre uma infinidade de outras coisas, *incluindo* necessidades físicas tangíveis. Mas significa que até mesmo o papel da oração na batalha espiritual era centrada, para Paulo, no progresso do evangelho de Cristo até os confins da terra. Afinal de contas, é assim que o reino de Satanás é esmagado e o reino da graça se estabelece nas cinzas.

O EVENTO PRINCIPAL

Quando vêm as provações, sejam ameaças externas ou internas a nosso bem estar físico ou espiritual, temos de nos virar de dentro para fora. Nessas horas, nossa primeira inclinação é justamente o oposto. Como tartarugas, nos retraímos na casca ao sinal de perigo, voltamos para dentro e agarramos nossos próprios recursos para nos sustentar. Por mais contraintuitivo que isso seja, devemos voltar para fora, exatamente nessas horas, com esperança somente no Senhor, por mais que nossa consciência nos acuse, por mais lisonjas que Satanás nos apresente, por mais que nossa experiência nos diga ser o caso óbvio.

Uma coisa que fazia sentido para minha esposa durante suas lutas, ela agora diz, era meu encorajamento de concentrar, não no que ela estava passando, mas no que Deus estava fazendo nessa batalha cósmica de todas as eras. Especialmente quando os nossos bebês estavam na UTI durante três meses, a tentação óbvia era nos preocuparmos tanto com eles que perdíamos de vista Deus e sua graça em Jesus Cristo. Isso nos ajudou a colocar nossos filhos na perspectiva certa: temos de cumprir nossa responsabilidade de pais da melhor maneira que pudermos, mas no fim do dia, eles pertencem ao Senhor e estão em suas mãos. Aquilo que *nós* estamos passando não é o evento principal. O que importa é o *que Deus está fazendo* enquanto ele nos incorpora nesta guerra dos séculos.

John Owen, teólogo do século dezessete, fez certa vez a seguinte observação:

> Quando Cristo vem com seu poder espiritual sobre a alma a fim de conquistá-la para si, ele não tem uma plataforma calma de desembarque. Não pode por os pés sobre nenhum pedaço de chão que ele não tenha de lutar para conquistar. Não na mente, não nos afetos, não na vontade, pois tudo está preso contra ele. E quando a graça tiver feito sua entrada, ainda assim o pecado estará habitando nas terras

costeiras.¹

Não cresceremos sem luta, sem compartilhar dos sofrimentos de Cristo. Diferente da justificação, a nossa santificação é uma luta durante toda a vida – nada de soltar o cabo e deixar Deus agir. Pequenas vitórias são prêmios; as batalhas perdidas logo são esquecidas, lições extraídas para a próxima luta. Nenhum de nossos inimigos – o mundo, a carne, o diabo – vai simplesmente se afastar e erguer uma bandeira branca. No entanto, em nossa luta, falhamos em esconder nossa antecipação irrestrita como prefigurada na chegada de Israel à terra prometida, quando finalmente a terra terá descanso de toda guerra. Até lá, lutamos como quem pertence ao Deus que é guerreiro, que já conquistou com seu braço direito.

A melhor palavra de Paulo sobre esse assunto se encontra em Romanos 8:

> *Que diremos, pois, à vista destas coisas?*
> *Se Deus é por nós, quem será contra nós?*
> *Aquele que não poupou o seu próprio Filho,*
> *antes, por todos nós o entregou, porventura,*
> *não nos dará graciosamente com ele todas as coisas?*
> *Quem intentará acusação contra os eleitos de Deus?*
> *É Deus quem os justifica.*
> *Quem os condenará? É Cristo Jesus quem morreu*
> *ou, antes, quem ressuscitou,*
> *o qual está à direita de Deus e também intercede por nós.*
> *Quem nos separará do amor de Cristo?*
> *Será tribulação, ou angústia, ou perseguição,*
> *ou fome, ou nudez, ou perigo, ou espada?*
> *Como está escrito: Por amor de ti,*

---

1 John Owen, *The Works of John Owen: The Nature, Power, Deceit, and Prevalency of the Remainders of Indwelling Sin in Believers*, ed. William H. Gold (Edimburgo: Banner of Truth, 1967), VI:181.

somos entregues à morte o dia todo,
fomos considerados como ovelhas para o matadouro.
Em todas estas coisas, porém, somos mais que vencedores,
por meio daquele que nos amou.
Porque eu estou bem certo de que nem a morte,
nem a vida, nem os anjos, nem os principados,
nem as coisas do presente,
nem do porvir, nem os poderes,
nem a altura, nem a profundidade,
nem qualquer outra criatura
poderá separar-nos do amor de Deus,
que está em Cristo Jesus, nosso Senhor.

Romanos 8.31-39

Que esta seja a sua confiança no leito da enfermidade ou nas ondas temerosas de dúvidas, e você permanecerá firme, de pé no dia da batalha. Cristo basta, até mesmo para você.

Capítulo 10

QUANDO DEUS ASSISTE A UM FUNERAL

Era minha vez de pregar na capela. No início do semestre, para todos nós do corpo docente era determinada a data em que cada um deveria pregar sobre um dos milagres de Cristo. A passagem que foi dada a mim era João 11.1-44.

Na providência de Deus, meu tempo chegou exatamente dois dias depois que meu pai deu seu último suspiro. Com a capela, naquele dia, realizamos um culto memorial. Enquanto eu falava de Jesus ressuscitando Lázaro do túmulo, sentia que isso tocaria a todos da comunidade do seminário, como também familiares e amigos, ajuntados por razões diferentes, mas cada um enfrentando seus próprios desafios na vida.

A ressurreição de Lázaro é um sinal climático no evangelho de João. Contrário ao que tantas vezes vemos nos programas religiosos de televisão, o propósito das obras de Jesus não era deslumbrar, nem mesmo provar de alguma forma abstrata a sua divindade, como alguém que provasse seus poderes psíquicos torcendo uma colher sem tocá-la. Os milagres de Jesus não são apenas *maravilhas*, são também *sinais*. Os sinais apontam para alguma coisa. Não são "o ponto", mas o apontador. Jesus cura no sábado e então proclama a si como "Senhor do Sábado". Alimenta aos cinco mil para então proclamar que ele é o "pão da vida" cuja carne é verdadeiro alimento para a vida eterna.

O problema é que, tipicamente, os espectadores não vão além do sinal. Não se importam com o significado. Perdidos na ilustração, eles esquecem o ponto que a ilustração queria transmitir. Na alimentação dos cinco mil, as multidões se maravilham com a providência de suas necessidades sentidas, mas quando Jesus começa a ensinar-lhes quem ele é na verdade, fica bastante claro que estão mais interessados nos dons do que no doador. Aqui, no sinal de demonstração mais dramática, clímax de todos, a ressurreição de Lázaro, tudo leva à demonstração mais reacionária contra Jesus pelos líderes religiosos.

MORTE DE UM ENTE QUERIDO (JOÃO 11.1-16)

Lázaro, assim como suas irmãs, era amigo íntimo de Jesus. O seu lar era a base para a missão de Jesus quando na área de Jerusalém, porque Betânia era uma espécie de subúrbio, uma caminhada de cerca de uma hora da capital. "Foi (*aquela*) Maria que ungiu o Senhor" e rogaram a Jesus que ele fosse ao lado do leito de seu amigo quando Maria o identificou como "aquele a quem amas" (João 11.2-3). Presume-se que Jesus e Lázaro eram tão amigos que era só falar a Jesus da condição de Lázaro, que ele com certeza viria correndo.

O pedido que as irmãs fizeram a Jesus não estava errado, mas sua motivação era bastante limitada. Elas apelavam para a cura de Lázaro, quando Jesus antevia usar a morte do amigo como oportunidade de mostrar o significado de sua vida e obra. O assunto não era Lázaro, mas Jesus: "Eu sou a ressurreição e a vida" (João 11.25). Mais uma vez, pensamos na diferença entre a teologia de glória e a teologia da cruz. Não é errado esperar com antecipação pela glória – tanto a de Deus quanto a nossa participação nela – mas o problema surge quando achamos que nossas preocupações imediatas são as maiores: Deus, se for nosso amigo, tem de prover por nós ou pelos nossos queridos de maneira determinada.

Maria e Marta sabiam que Jesus *podia* curar seu irmão que definhava, e achavam que, dado o amor que ele tinha por Lázaro, com certeza Jesus *iria querer* exatamente isso. Voltamos aqui ao enigma: Deus é simultaneamente soberano (capaz de curar) e bom (quer curar)? Se a cura não acontecer, raciocinamos que uma dessas afirmações poderá ser questionada. Se Jesus realmente ama Lázaro, ele virá depressa. "Deus, se o Senhor realmente se importa comigo, vai fazer _____" (preencha a sua própria lacuna).

Na hora brava do problema, não é tão má essa resposta. Na verdade, é sinal de fé da parte das irmãs: Deus pode curar e vai curar! O problema está no tempo e nos termos. Jesus diz: "Esta enfermidade não é para morte, e sim para a glória de Deus, a fim de que o Filho de Deus seja por ela glorificado" (João 11.4). Em termos da trama que se desenrola, Lázaro é personagem na história de Jesus, não o contrário. O "show" verdadeiro é a glorificação de Jesus Cristo como Messias, como era o caso com todos os milagres. São sinais, não fins em si mesmos.

Jesus adia propositadamente por mais dois dias a sua volta a Betânia. O que podia estar acontecendo na cabeça das duas irmãs naqueles dois dias de agonia? Elas não tinham ideia do que Jesus faria – algo muito maior do que elas lhe pediram. Com a sabedoria e os dados que tinham à sua disposição, só podiam estar totalmente arrasadas pela aparente falta de atendimento da parte de Jesus. Em outras ocasiões ele havia agido rapidamente: na cura da filha de Jairo (Lucas 8) e ao ressuscitar o filho da viúva no meio da procissão funeral (Lucas 7). Como podia ser tão insensível se atendeu a estranhos, mas não corria para ajudar seus amigos mais próximos?!

Porém, com a trama centrada em Jesus, o evangelho de João aponta diversas particularidades que poderíamos até não perceber. Primeiro, os versículos 7 a 14 deixam claro que um retorno a Judá significaria conflito renovado com os líderes religiosos. "Disseram-lhe os discípulos: Mestre, ainda agora os judeus procuravam apedrejar-te, e voltas para lá?" (11.8). Jesus diz: "Nosso amigo Lázaro adormeceu, mas vou para despertá-lo", a que os discípulos (sem dúvida, preocupados com sua própria segurança) replicam: "Senhor, se dorme, estará salvo (João 11.11-12). "Então, Jesus lhes disse claramente: Lázaro morreu; e por vossa causa me alegro de que lá não estivesse, para que possais crer; mas vamos ter com ele" (João 11.14-15).

A princípio, ninguém – os discípulos, Lázaro, Marta, Maria – ninguém senão Jesus entendia por que ele permitiu que Lázaro morresse, especialmente se ele pretendia visitá-lo eventualmente. Era muita confusão para a experiência que eles tinham. Simplesmente não fazia sentido. Então vemos o estranho comentário de Tomé: "Vamos também para morrermos com ele" (11.16). Sarcástico ou falando sério, presume-se que uma volta a Betânia significaria morte certa, não vida. Seria o fim da estrada.

A resposta enigmática de Jesus "por vossa causa me alegro de que lá não estivesse, para que possais crer; mas vamos ter com ele", não podia ser discernida deste lado dos eventos ocorridos em Betânia. Só ficaria claro para eles depois que tudo se completasse, e não dentro do episódio. Este ponto é essencial para nossa própria aplicação nessas circunstâncias. Da perspectiva deles, em termos de experiência, as irmãs (e Lázaro em suas horas finais) e os discípulos teriam concluído logicamente que Jesus, que eles sabiam ser capaz de curar, estava sendo insensível, desinteressado, despreocupado. Sua experiência não era irracional nem ilógica, mas simplesmente incompleta e, portanto, inadequada para julgar os caminhos de Deus. Do mesmo jeito que as irmãs não enxergavam o que Deus iria fazer com Lázaro, os discípulos (especialmente Tomé) eram míopes demais para realmente ver o que Jesus estaria fazendo ao ir para Jerusalém: morrer e ressuscitar. Na perspectiva dos discípulos, ele deveria ir para Jerusalém para "obter vitória", triunfo, conquista, assim como também deveria ter ido até Betânia.

Lazaro *teve de morrer* para que o milagre maior pudesse acontecer. Existe algo mais importante do que a cura de um amigo. Jesus conhecia a grande obra que faria quando finalmente viesse a Betânia. É como Elias derramando água sobre o rego do altar de fogo, para certificar que o poder glorioso de Deus fosse visto por todos. Como maior que Elias, Jesus estava envolvido em um concurso cósmico entre Javé e a serpente. Era essa a história maior por trás dessas outras histórias.

CONFRONTO COM SEUS AMADOS (JOÃO 11.17-27)

Depois de um intervalo de quatro dias entre a morte de Lázaro e a vinda de Jesus a Betânia, Marta demonstra o tipo de frustração que não se esperaria ver em público, de uma mulher para com um homem, quanto mais um rabino. No entanto, após ralhar com Jesus por seu atraso – "Senhor, se estivesses aqui, não teria morrido meu irmão", ela acrescenta imediatamente: "Mas também sei que, mesmo agora, tudo quanto pedires a Deus, Deus to concederá" (João 11.21-22). A fé de Marta em Jesus não falha. Mesmo agora ele pode mudar as coisas – depois que o irmão já foi sepultado: "mesmo agora...".

É importante notar o misto de profunda decepção com fé, como encontramos nos Salmos. Ela não acredita que a morte tenha a palavra final na presença de Jesus. Tal fé é muito maior do que a que encontramos até agora nos doze discípulos. A teologia de Marta estava certa. Evidentemente ela crê, como muitos judeus (especialmente entre os fariseus), na ressurreição dos mortos. Mas foi como quando Filipe falou "Mostra-nos o Pai e isso nos basta", com a resposta de Jesus dizendo "Quem me vê a mim vê o Pai" (João 14.8,9). Na verdade, o cenário é semelhante. Ali, Jesus estava anunciando que ele era o caminho, a verdade e a vida (João 14.6) – não apenas alguém que conduz à verdade e à vida, mas a própria Verdade e Vida em pessoa. Filipe pede mais alguma coisa e Jesus responde que quem viu a ele viu o Pai.

Jesus *é* a ressurreição e a vida. Ele é a fonte de toda vida além do túmulo, e assim, responde a Marta: "Teu irmão há de ressurgir" (11.23). "Crês isto?" (11.26). Jesus pressiona-a se comprometer, não apenas à *questão teológica* da ressurreição dos mortos, mas também para com ele, a própria *Ressurreição e a Vida!* Dizer que é a "Ressurreição e a Vida" ou o "Caminho, a Verdade e a Vida" é nada menos que se dizer igual ao Pai. O que está em jogo na confissão de Marta é considerável. Na presença de testemunhas, ela é chamada a não apenas declarar que Jesus poderá ressuscitar alguém da morte, conforme Elias fez. Jesus a conclama a confessar que ele mesmo é o Deus a quem Elias orou. Não somente ele pode *dar* vida – ele é a Vida! Este é um passo muito grande.

Uma das cláusulas maravilhosas aqui é "ainda que morra, viverá" (João 11.25). Uma coisa é fazer parar os processos de declínio e morte; outra coisa maior é trazer de volta à vida aquele que já morreu! Jesus declara de si mesmo: "Eu sou a ressurreição e a vida. Quem crê em mim, ainda que morra, viverá; e todo o que vive e crê em mim não morrerá, eternamente. Crês isto?" (João 11.25-26).

Ora, ele não está apenas pedindo que Marta declare que Lázaro viverá, mas sim que aqueles que confiam em Jesus Cristo – ainda que morram – serão ressuscitados para nunca mais morrerem. Não se trata mais apenas de Lázaro. Jesus está chamando Marta para adentrar o círculo daquele tribunal cósmico entre *Javé* e a serpente, chamando-a para ser testemunha (a palavra grega para *testemunha* é a mesma para mártir). A ressurreição de Lázaro será um sinal – de fato, uma prova – da realidade que será inaugurada com a própria ressurreição de Jesus. Embora as pessoas ainda morram, a despeito da vinda do Messias, elas não permanecerão mortas eternamente, e sim, ressuscitarão, não à semelhança do corpo mortal de Lázaro (ainda tendente à morte), mas do corpo glorificado de Cristo.

A resposta de Marta na posição de testemunha, fustigada por miríades de sentimentos e pensamentos de desespero e de esperança, trazem à lembrança o que Jó afirmou: "eu tenho crido que tu és o Cristo, o Filho de Deus que devia vir ao mundo" (11.27). Esse é o grande evento em Betânia naquele dia. Sem descartar a própria ressurreição de Lázaro que ainda ocorrerá na história, não podemos nos esquecer de que, como em todos os milagres de Jesus, a coisa mais maravilhosa é que o sinal é mero anúncio, e que também traz à tona a confissão de nossos lábios. No meio de sua agonia, Jó exclama: "Porque eu sei que o meu Redentor vive e por fim se levantará sobre a terra. Depois, revestido este meu corpo da minha pele, em minha carne verei a Deus" (Jó 19.25-26). É a fé que persevera em meio às evidências contraditórias da experiência de Jó. É também a fé de Marta. Não sabem por que Deus permitiu esta ou aquela tentação, provação, tragédia ou dor, mas a confissão é o que mais importa: "Sim Senhor, eu tenho crido que tu és o Cristo, o Filho de Deus que devia vir ao mundo" (João 11.27).

RESSURREIÇÃO DO AMADO (JOÃO 11.28-44)

Nessa altura, Maria, que estava assentada em sua casa, vem para junto de Marta (vv 28-29). Talvez estivesse ainda mais arrasada que sua irmã, aquela que um dia derramara luxuoso perfume aos pés de Jesus teve de ser chamada por sua irmã até o local ("o Mestre está aí e te chama"). Além disso, ao encontrar Jesus, ela repete a acusação já feita por outra: "Senhor, se estivesses aqui meu irmão não teria morrido" (11.32). Trazendo sua ira e lutas internas para Jesus, deixa implícito que Jesus é o responsável pela morte de seu irmão. Não foi o pecado, resultado da maldição, que causou a morte do seu irmão, mas a falha de Jesus em atender.

Certamente, todos temos certa arrogância em pensar que, embora esteja no direito da secreta sabedoria de Deus dar ou reter misericórdias em relação aos outros, com certeza não poderia haver uma boa razão no nosso caso. Não devemos atacar Maria aqui, mas respeitá-la, por haver trazido ao salvador não apenas a sua fé como também as suas dúvidas.

A própria alma de Jesus está conturbada ao ver as pessoas em luto, sofrendo, reconhecendo o velório deixado pela morte. De repente, descobre-se que ele é um dos que está de luto. Aqui está ele, não apenas um milagreiro, que anda sobre o mar e acalma a tempestade, mas homem que de repente é sobrepujado por emoções agitadas. O seu amor por Lázaro e seu ódio da morte o dominam, ainda que Jesus saiba o que vai fazer em seguida.

Nos versículos 33-35, temos um vislumbre do que o autor de Hebreus queria dizer quando escreveu: "Por isso mesmo, convinha que, em todas as coisas, se tornasse semelhante aos irmãos, para ser misericordioso e fiel sumo sacerdote nas coisas referentes a Deus e para fazer propiciação pelos pecados do povo. Pois, naquilo que ele mesmo sofreu, tendo sido tentado, é poderoso para socorrer os que são tentados" (Hebreus 2.17-18). Não somente na cruz, mas durante toda sua vida na terra, Jesus experimentou toda gama de tentações ao pecado, descrença, fraqueza, abandono em face das provações.

> *Tendo, pois, a Jesus, o Filho de Deus, como grande sumo sacerdote*
> *que penetrou os céus, conservemos firmes a nossa confissão.*
> *Porque não temos sumo sacerdote que não possa compadecer-se*
> *das nossas fraquezas; antes, foi ele tentado em todas as coisas,*
> *à nossa semelhança, mas sem pecado. Acheguemo-nos, portanto,*
> *confiadamente, junto ao trono da graça,*
> *a fim de recebermos misericórdia*
> *e acharmos graça para socorro em ocasião oportuna.*
>
> *Hebreus 4.14-16*

Diante do túmulo de seu amigo, vemos a angústia de alma de Jesus na presença do mais repulsivo estandarte do pecado: a morte. Ele não veio com uma homília animada sobre como Lazaro agora estava melhor, tendo "se livrado das algemas da terra" ou "desvencilhado do cabo mortal", essas figuras são pagãs que jamais passariam pela mente de pessoas hebreias. Não era uma "celebração" onde o luto parece fora de lugar. Já emocionalmente atordoado pelo choro de Maria a seus pés, Jesus veio ao túmulo onde Lázaro fora depositado, e vemos aquelas duas palavras que merecem um versículo sozinho: "Jesus chorou" (João 11.35). Os espectadores não sabiam o que dizer disso. "Vede quanto o amava!" exclamaram alguns. Outros, porém, perguntavam: "Não podia ele, que abriu os olhos ao cego, fazer que este não morresse?" (João 11.36-37).

Vamos parar por um momento nesse admirável comentário: Jesus chorou. Ele derruba diversos conceitos pagãos de vida e morte que prevalecem em nossos dias: estoicismo e sentimentalismo. Algumas influências são de orientação mais estóica. Famosos por "aguentar firme" qualquer coisa, os antigos estóicos achavam que as melhores almas eram as totalmente livres de emoção. Imóveis diante da amizade e da traição, os estóicos almejavam completa tranquilidade. Se dependesse dos outros, ele ou ela logo seria decepcionado, e assim, para evitar a desilusão, não se deveria desenvolver ligações, exceto consigo mesmo. Ser totalmente livre do desejo faria da alma uma fortaleza contra a aflição. Para eles, como para o pensamento grego em geral, a morte era uma libertação do corpo, que era, afinal, a sede das emoções – a parte fraca da natureza humana que arrastava a alma até a parte desordenada do mundo.

Mais próximos aos estóicos, os ocidentais como eu são muitas vezes surpresos a ponto de vergonha ao observar judeus e palestinos lamentando a morte de seus entes queridos com gritos e gestos de desespero. Mas essa era a cultura em que Jesus estava inserido, e ele não se envergonhava disso.

O sentimentalismo, conforme estou empregando aqui, se refere especialmente aos filósofos, poetas, artistas e teólogos românticos que enfatizam o coração em vez do intelecto, como lugar apropriado para a dignidade humana. Longe de resistir à expressão emotiva, o sentimentalismo celebra a mesma. Contudo, diferente do próprio movimento romântico, o sentimentalismo moderno em sua forma degenerada, mas penetrante, parece que só é capaz de exibir um coração alegre.

Ironicamente, embora o sentimentalismo pareça o exato oposto do estoicismo, ambos possuem paralelos intrigantes. Os dois parecem resolvidos a evitar a desordem da vida – em especial seu aspecto trágico. Querem ignorar as más notícias, se bem que cada um utilize solução diferente. Conquanto o estóico de hoje em dia reconheça que, para abandonar as emoções negativas terá de negar todas as emoções, o sentimentalista acredita em admissão apenas das emoções boas, sempre procurando o lado positivo da vida.

Recebi um cartão de pêsames com uma linha de Henry David Thoreau que dizia: "Toda relva no campo, toda folha na floresta, entrega sua vida na sua própria estação, de modo tão belo quanto ela foi assumida". Mais perturbadores ainda eram os dizeres inquietantes no hospital de convalescença de meu pai que, infelizmente, eram feitos em forma de relicário, cercado de grandes tapeçarias que se exibiam em diversas partes do complexo hospitalar. Com cenas desde a infância até a idade avançada, andando na direção do pôr-do-sol, lia-se: "o ocaso é tão lindo quanto o romper da aurora". Por mais bem-intencionada que fosse essa máxima, eu ficava me indagando como podia ser ofensivo às muitas pessoas que estavam sofrendo ali, vendo a sua situação sendo descartada como trivial. Compare por um só momento qualquer experiência quer você possa ter com a alegria do nascimento de um filho, enquanto família e amigos estão em volta celebrando essa nova vida, com os anos, meses e dias de definhamento de um idoso. Um estágio transborda de esperança de uma maneira que é impossível esperar que seja forçado no outro. O anterior está prenhe de altas expectações para o futuro, o outro cheio da conversa de prolongar a vida em face de eventual morte. Um atrai visitas, parentes, amigos que não conseguem deixar de segurar e papariar o novo pequenino, enquanto as visitas para o outro são quase sempre opor obrigação, sem prazer.

Não gostamos de gastar muito tempo com as pessoas que estão sofrendo, especialmente quando elas estão morrendo. Para os que são mais próximos a nós, não nos importamos por estar com eles no último adeus, mas muitas vezes esse período é comprido demais. Tanto para o idoso quanto para seus familiares, tem versos demais para cantar. Tenho experiência disso dos meus anos de adolescência. A cada natal, minha mãe escrevia cartas para as igrejas da região, pedindo que grupos viessem trazer um pouco de ânimo festivo aos nossos quinze residentes idosos. As mesmas duas igrejas – nem uma das quais era evangélica – faziam presença anual – a despeito da maioria de nossos residentes ou seus filhos pertencerem a diversas grandes igrejas evangélicas da área. Mais difícil ainda, especialmente em retrospecto, era o fato de cada ano meus pais comprarem presentes para dar aos residentes, escrevendo em cada um o nome dos respectivos filhos, como se tivessem enviado a lembrança, pois alguns não receberiam sequer um telefonema. Lembro de umas duas vezes quando presbíteros de uma grande igreja na cidade haviam simplesmente deixado seus pais ali e não apareceram mais, enquanto apresentavam-se em sua igreja como "em favor da vida". O pôr-do-sol não é tão belo quanto seu nascimento, como pode atestar qualquer pessoa que esteja próximo ao seu ocaso.

Como mais um sinal da incapacidade de nossa cultura lidar com a morte, muitas vezes ouvimos dizer: "A morte é parte natural da vida". Isso assume uma abordagem de "ciclo da vida" para a realidade. Conforme essa ideia, a vida e a morte são apenas dois lados da mesma moeda.

Contudo, o retrato bíblico não poderia ser mais oposto: a vida eterna era o alvo da criação no início, e a morte é a maldição do pecado humano. A morte faz parte da queda imposta sobre a humanidade como resultado de sua desobediência, não uma circunstância inevitável a ser tomada como normal. Morte se firma contra Deus, mundo, vida, esperança, possibilidades.

Voltamos agora para Jesus que desmorona à sepultura de seu amigo. "Jesus, agitando-se novamente em si mesmo, encaminhou-se para o túmulo" (11.38). Olhe para o rosto de Jesus, ouça aqui o seu grito. "Agitou-se" não transmite a emoção da língua original (ver também 11.33): *embrimaomai*, que significa "bufar de ira como um cavalo"; *tarasso* ("perturbado," 11.33), significando "agitado, confuso, desorganizado, temeroso, surpreso," como quando Herodes se perturbou com a vinda dos magos (Mateus 2.3); ou quando os discípulos ficaram "aterrados" e "gritaram de medo" quando Jesus andou sobre as águas (Mateus 14.26). Agora Jesus foi jogado do cavalo, por assim dizer. O senhor da vida, por quem "foram criadas todas as coisas, nos céus e sobre a terra, as visíveis e as invisíveis, sejam tronos, sejam soberanias, quer principados, quer potestades" (Colossenses 1.16) agora se encontra em luto. Ali está ele, face a face com o "último inimigo" que vencerá na sua cruzada contra Satanás. E Jesus "chorou".

A maravilha dessa cena é que Jesus responde dessa maneira, ainda que saiba que em breve ressuscitaria Lázaro da morte. Podia esperar que revelasse um rosto com um sorriso de conhecimento que convidasse a multidão a antever o seu milagre. Mas seu rosto só mostra angústia. Quanto mais nos é permitido chorar quando existe um intervalo tão grande entre a morte de um ente querido e a ressurreição final! Teologicamente, essa é a resposta apropriada diante da morte — não simplesmente em razão de nosso próprio senso de perda ou nosso luto pelos sobreviventes que nos são queridos, mas por causa da perda para o querido que morreu. Não nos entristecemos "como os demais que não têm esperança" (1 Tessalonicenses

4.13), mas entristecemo-nos, sim. A morte não é uma passagem benigna para a felicidade, mas um inimigo horrendo que procura levar-nos para a sepultura. O aguilhão da morte foi removido, mas sua mordida permanece. Não é a última palavra para o crente, mas continua sendo antagonista do crente até a ressurreição do corpo.

A boa nova nunca é que alguém tenha morrido, mas que a morte, afinal, será conquistada pelo senhor da vida. Junto da sepultura, nem otimismo nem pessimismo; nem sentimentalismo nem estoicismo nos dizem o que está acontecendo aqui. Somente a cruz e a ressurreição de Jesus definem para nós o que aconteceu.

Marta confiou em Jesus quando fez remover a pedra ao seu comando. Talvez tivesse ouvido e relembrava a promessa de Jesus: "vem a hora em que todos os que se acham nos túmulos ouvirão a sua voz e sairão: os que tiverem feito o bem, para a ressurreição da vida; e os que tiverem praticado o mal, para a ressurreição do juízo" (João 5.28-29). A ressurreição de Lázaro era, em certo sentido, prelúdio para a grande ressurreição por vir. É *escatológica*, como o são todos os sinais que Jesus realiza. "Escatológica" é simplesmente uma palavra elegante para a entrada do último dia, a realidade celeste futura que se antecipa em vislumbres aqui e acolá mesmo no tempo presente de pecado e morte. Essa ressurreição de Lázaro realmente não é sobre Lázaro, mas se trata da ressurreição de Jesus que ela prefigura e até mesmo introduz como antegosto. A morte, o sepultamento e ressurreição de Jesus são o sol que lança suas sombras sobre esse evento em Betânia. Este sinal é climático, pois "o último inimigo a ser destruído é a morte" (1Coríntios 15.26).

A resposta dos espectadores dessa cena monumental é típica da reação à pregação de Jesus sobre si como também à dos apóstolos conforme relatado em Atos. Como acontecia com todas as pregações e sinais nas Escrituras e desde então, o efeito é dividido. "Muitos... creram" (João 11.45), porém muitos outros procuraram matar a Jesus. As apostas eram muito mais altas. Isso mostra que não é por falta de evidências que os líderes religiosos não creram em Jesus. Eles o odiaram precisamente porque ele cumpria sua missão messiânica:

> A vida estava nele, e a vida era a luz dos homens
> A luz resplandece nas trevas,
>   e as trevas não prevaleceram contra ela...
> O Verbo estava no mundo, o mundo foi feito por intermédio dele,
>   mas o mundo não o conheceu veio para o que era seu,
>   mas os seus não o receberam.
> Mas a todos quantos o receberam,
>   deu-lhes o poder de serem feitos filhos de Deus, a saber,
>   aos que crêem no seu nome.
> Os quais não nasceram do sangue,
>   nem da vontade da carne,
>   nem da vontade do homem,
>   mas de Deus.
>
> João 1.4 – 5, 10 – 13

AGUILHÃO NUNCA MAIS

As boas novas são que "o último inimigo a ser destruído é a morte". Isso significa que Jesus realizou tudo em sua missão sobre a terra, para nossa completa redenção e glorificação.

A morte não é um portal para a vida. A morte não é amiga benigna, mas pavorosa inimiga. Não é parte natural da vida, mas a parte mais desnatural da vida que se possa imaginar. Porém, com a *sua* morte e ressurreição, Jesus esmagou a cabeça da serpente, vencendo o "último inimigo" de todo crente. Esse último inimigo um dia será totalmente vencido para os crentes na ressurreição final, mas isso acontecerá porque já foi objetivamente vencido na ressurreição de nossa cabeça viva. A ressurreição dos mortos no último dia já começou na manhã do domingo de Páscoa. Ele é "as primícias dos que dormem", diz o apóstolo (1Coríntios 15.20).

De fato, como o teólogo Richard Gaffin Jr. relembra, tal imagem orgânica leva-nos a considerar a ressurreição de Cristo e de seu corpo como um único evento em dois estágios, em vez de duas ressurreições separadas. As primícias não representam uma colheita diferente, mas o início de toda a colheita.[1] Olhe para ele e veja como será toda a colheita no final! Em Cristo, o fim já começou. A cabeça não viverá sem seu corpo. A forma do futuro já está presente.

Lázaro foi ressurreto, mas mais tarde, morreu. Seu corpo ressurreto continuou por um tempo onde havia parado, em sua gradativa entrega à decomposição e morte. Um dia, os enlutados novamente se ajuntariam em volta do túmulo de Lázaro, desta vez sem expectativa de ressurreição — até o último dia. No entanto, precisamente devido a essa confiança, exatamente porque o próximo funeral de Lázaro tenha ocorrido deste lado da Páscoa, eles não lamentariam naquele dia como quem não tem esperança. Afinal, teria chegado a notícia até lá — talvez alguns deles seriam até mesmo testemunhas — da maior ressurreição do próprio Jesus, que se postaria conta a morte em seu próprio território, para que os que se unem a ele pela fé não permanecessem na morte. Seus corpos seriam ressurretos para adorar a Deus no santuário renovado.

A morte ainda é inimiga, não amiga – mas é "o último inimigo"; e este já foi vencido, de maneira que agora a morte não é juízo de Deus sobre nós por nossos pecados, mas o efeito temporal da nossa participação na culpa de Adão. Como foram removidos a culpa e o juízo, nós podemos clamar com nosso Senhor na morte em ira angustiada, e ainda cantar junto com o apóstolo: "Onde está, ó morte, a tua vitória? Onde está, ó morte, o teu aguilhão? (1Coríntios 15.55). Jesus enfrentou o último inimigo em seu próprio terreno

---

[1] Ver de Richard Gaffin Jr., *Resurrection and Redemption [Ressurreição e redenção]*(2a. ed.; Phillipsburg, N.J.: Presbyterian & Reformed, 1987), especialmente páginas 34 –

e entrou no paraíso com seus cativos em séquito (Efésios 4.8). Cristo já ressuscitou! Regozijemo-nos nessa esperança, ainda que nosso coração esteja angustiado, esperando pacientemente por aquele êxodo maior em que, junto conosco, toda a criação cantará o Cântico de Moisés:

> *Cantarei ao SENHOR, porque triunfou gloriosamente;*
> *lançou no mar o cavalo e o seu cavaleiro.*
> *O SENHOR é a minha força e o meu cântico;*
> *ele me foi por salvação;*
> *este é o meu Deus; portanto, eu o louvarei;*
> *ele é o Deus de meu pai; por isso, o exaltarei.*
> *O SENHOR é homem de guerra;*
> *SENHOR é o seu nome.*
>
> Êxodo 15.1 – 3

FIEL
Editora

A Editora Fiel tem como propósito servir a Deus através do serviço ao povo de Deus, a Igreja.

Em nosso site, na internet, disponibilizamos centenas de recursos gratuitos, como vídeos de pregações e conferências, artigos, e-books, livros em áudio, blog e muito mais.

Oferecemos ao nosso leitor materiais que, cremos, serão de grande proveito para sua edificação, instrução e crescimento espiritual.

Assine também nosso informativo e faça parte da comunidade Fiel. Através do informativo, você terá acesso a vários materiais gratuitos e promoções especiais exclusivos para quem faz parte de nossa comunidade.

Visite nosso website

www.ministeriofiel.com.br

e faça parte da comunidade Fiel

Esta obra foi composta em Arno Pro Regular 12.5, e impressa na Promove Artes Gráficas sobre o papel Pólen Soft 70g/m², para Editora Fiel, em Março de 2021